DR. OETKER

# BROT BACKEN

*von Ciabatta bis Vollkornbrot*

DR. OETKER

# BROT BACKEN

*von Ciabatta bis Vollkornbrot*

CERES

# Vorwort

Frisches Brot aus der eigenen Backstube zaubern, ist gar nicht so schwer, wie immer angenommen wird. Die Einsteiger tasten sich mit Brotbackmischungen und Brotbackautomat an die ersten Backversuche heran. Die Fortgeschrittenen backen mit Hefe und Sauerteig Brot- und Brötchenspezialitäten.
Wir bieten Ihnen eine Vielzahl an leckeren Brot- und Brötchenrezepten, ob klassisch oder international, ob süß oder pikant.
Probieren Sie die Rezeptideen ganz nach Ihrem Geschmack aus.
Wir wünschen dabei gutes Gelingen und viel Freude!

### Abkürzungen

EL = Eßlöffel
TL = Teelöffel
Msp. = Messerspitze
Pck. = Packung / Päckchen
g = Gramm
kg = Kilogramm
ml = Milliliter
l = Liter
evtl. = eventuell
geh. = gehäuft
gestr. = gestrichen
TK = Tiefkühlprodukt
°C = Grad Celsius
Ø = Durchmesser
E = Eiweiß
F = Fett
Kh = Kohlenhydrate
kcal = Kilokalorien
kJ = Kilojoule

### Hinweise zu den Rezepten

Beachten Sie bei Gasherden und Brotbackautomaten die Gebrauchsanweisung des Herstellers. Bei den unterschiedlichen Herstellern der Geräte gibt es auch verschiedene Handhabungsrichtlinien. Bei einigen Geräten kann es sein, daß die hier genannten Ratschläge nicht gelten. Bitte lesen Sie deshalb sorgfältig die Bedienungsanleitungen und bereiten Sie Ihr Brot entsprechend zu.
Beim Verwenden von Backmischungen beachten Sie die Packungsanleitung.

### Zubereitungszeiten

Die Zubereitungszeit beinhaltet sowohl Vorbereitungszeit, eigentliche Zubereitung, Gehzeit, als auch die Gar- und Backzeit. Wenn die Zeiten zum Gehen, Quellen, Kühlen, etc. ausgesprochen lang sind (z. B. über Nacht), sind diese nicht mit einbezogen.

# Kapitelübersicht

## Hefeteigbrote

Seite 8–33

## Sauerteigbrote

Seite 34–43

## Brötchen, Hörnchen & Co.

Seite 44–65

# Kapitelübersicht


## Süße Brote & Brötchen

Seite 66–79

## Gefüllte & pikante Brotspezialitäten

Seite 80–103

## Internationale Brotspezialitäten

Seite 104–119

# Hefeteigbrote

## Leinsam-Sesambrot

**Zutaten**

**50 g Leinsamen**
**50 g Sesamsamen**
**300 g Weizenkörner**
**150 g Dinkelkörner**
**1 TL Anissamen**
**25 g Weizenkeime**
**25 g Weizenkleie**
**1 Pck. Trockenhefe**
**1 TL Meersalz**
**1 TL Honig**
**etwa 375 ml (3/8 l) lauwarmes Wasser**

**Zubereitungszeit:**
etwa 2 1/2 Stunden

**Insgesamt:**
E: 89 g, F: 53 g, Kh: 308 g, kJ: 9166, kcal: 2191

*MÖGLICH IM BROTBACK-AUTOMAT*

1 Leinsamen und Sesamen in der Pfanne ohne Fett leicht rösten, abkühlen lassen.

2 Weizen, Dinkel und Anis fein mahlen. Weizenkeime, Kleie und Trockenhefe hinzufügen, gut vermischen. Salz, Honig und Wasser hinzufügen.

3 Alle Zutaten mit Handrührgerät mit Knethaken zuerst auf niedrigster, dann auf höchster Stufe in etwa 4 Minuten zu einem glatten Teig verarbeiten. Die Leinsam-Sesam-Mischung (2 EL zum Bestreuen zurücklassen) unterkneten.

4 Den Teig zugedeckt an einem warmen Ort so lange gehen lassen, bis er sich sichtbar vergrößert hat, ihn dann auf der Arbeitsfläche nochmals durchkneten, zu einer Rolle formen. Die Teigrolle mit Wasser bestreichen, mit der zurückgelassenen Leinsam-Sesam-Mischung bestreuen.

5 Ihn in eine gefettete Kastenform (30 x 11 cm) legen, etwas andrücken. Den Brotteig in der Form zugedeckt nochmals gehen lassen, bis er sich sichtbar vergrößert hat. Die Oberfläche längs etwa 1 cm tief einschneiden (nicht drücken!). Die Form auf dem Rost in den Backofen schieben.

**Ober-/Unterhitze:** 200–220 °C (vorgeheizt)
**Heißluft:** 180–200 °C (nicht vorgeheizt)
**Gas:** etwa Stufe 4 (vorgeheizt)
**Backzeit:** etwa 50 Minuten

**Tip:** *Damit das Brot im Brotbackautomaten gut ausbäckt, muß das Vollkornprogramm gewählt werden.*

# Weizenvollkornbrot

| Zutaten |
|---|
| 175 g Weizenvollkornschrot |
| 250 g Weizenmehl |
| (Type 550) |
| 1 Pck. Trockenhefe |
| 1 TL Farinzucker |
| knapp 2 gestr. TL Salz |
| 3 EL Speiseöl |
| 200 ml lauwarmes Wasser |
| 2 EL Kräuter der Provence |

**Zubereitungszeit:**
etwa 2 Stunden

**Insgesamt:**
E: 50 g, F: 43 g, Kh: 294 g, kJ: 7780, kcal: 1860

*MÖGLICH IM BROTBACK-AUTOMAT*

1 Weizenvollkornschrot und Weizenmehl in eine Rührschüssel geben, mit Trockenhefe sorgfältig vermischen. Zucker, Salz, Öl und Wasser hinzufügen.

2 Die Zutaten mit Handrührgerät mit Knethaken zunächst auf niedrigster, dann auf höchster Stufe in etwa 5 Minuten zu einem glatten Teig verarbeiten. Gegen Ende der Knetzeit die Kräuter unterkneten.

3 Den Teig zugedeckt an einem warmen Ort so lange gehen lassen, bis er sich sichtbar vergrößert hat.

4 Teig mit Mehl bestäuben, aus der Schüssel nehmen, auf der Arbeitsfläche durchkneten. Aus dem Teig ein rundes Brot formen, auf ein mit Backpapier belegtes Backblech legen, nochmals an einem warmen Ort gehen lassen, bis es sich sichtbar vergrößert hat.

5 Die Oberfläche des Teiges mehrere Male etwa 1 cm tief einschneiden (nicht drücken!), mit Wasser bestreichen und in den Backofen schieben.

**Ober-/Unterhitze:** etwa 200 °C (vorgeheizt)
**Heißluft:** etwa 180 °C (nicht vorgeheizt)
**Gas:** Stufe 3–4 (vorgeheizt)
**Backzeit:** etwa 50 Minuten

6 Während des Backens das Brot ab und zu mit Wasser bestreichen, um eine schöne Kruste zu erzielen.

**Tip:** *Das Brot in einem Gärkorb gehen lassen. Das Brot gelingt im Brotbackautomaten ebenso gut.*

# Gewürzbrot

**Zutaten**

1 kg Weizenvollkornmehl
2 Pck. Trockenhefe
3 TL Meersalz
1 EL gemahlener Koriander
$^1/_2$ EL Fenchelsamen
$^1/_2$ EL Anissamen
2 EL Kümmelsamen
1 Ei
etwa 650 ml lauwarmes Wasser
1 Eigelb
1 EL Wasser

**Zubereitungszeit:**
etwa 110 Minuten

**Insgesamt:**
E: 142 g, F: 42g, Kh: 626 g, kJ: 15312, kcal: 3653

*MÖGLICH IM BROTBACK-AUTOMAT*

1 Weizenvollkornmehl mit Trockenhefe, Salz, Koriander und Fenchel in einer Rührschüssel sorgfältig vermischen. Anis, Kümmel, Ei und Wasser hinzufügen.

2 Die Zutaten in der Küchenmaschine oder mit Handrührgerät mit Knethaken zunächst auf niedrigster, dann auf mittlerer Stufe in etwa 5 Minuten zu einem glatten Teig verkneten.

3 Den Teig zugedeckt an einem warmen Ort so lange gehen lassen, bis er sich sichtbar vergrößert hat. Ihn mit Mehl bestäuben, aus der Schüssel nehmen, auf der Arbeitsfläche durchkneten.

4 Den Teig in 2 gleich große gefettete Kastenformen (30 cm lang) geben. Das Eigelb mit dem Wasser verschlagen und die Brote damit bestreichen.

5 Die Formen auf dem Rost in den Backofen schieben.

**Ober-/Unterhitze:** 200–220 °C (vorgeheizt)
**Heißluft:** 180–200°C (nicht vorgeheizt)
**Gas:** Stufe 3–4 (vorgeheizt)
**Backzeit:** 40–60 Minuten

**Tip:** *Dieses Brot kann auch in einem Brotbackautomaten für 1000 g-Brote gebacken werden.*

# Roggenschrotbrot

**Zutaten**

**750 g Roggenvollkornschrot**
**300 ml lauwarmes Wasser**
**250 g gesiebtes Weizenmehl (Type 405)**
**2 Pck. Trockenhefe**
**2 TL Salz**
**2 EL Rübenkraut (Sirup)**
**100 ml Zitronensaft**
**gut 125 ml ($^1/_8$ l) lauwarmes Wasser**
**etwa 80 g Roggenkörner**

**Zubereitungszeit:**
2 $^1/_2$ Stunden, ohne Quellzeit

**Insgesamt:**
E: 125 g, F: 18 g, Kh: 731 g, kJ: 15446, kcal: 3657

*MÖGLICH IM BROTBACK-AUTOMAT*

1 300 g Roggenvollkornschrot in eine Schüssel geben, mit Wasser übergießen, über Nacht zum Quellen stehen lassen.

2 Restliches Vollkornschrot mit Weizenmehl und Trockenhefe sorgfältig vermischen. Salz, Rübenkraut, Zitronensaft, Wasser und den gequollenen Roggenschrotbrei hinzufügen.

3 Alle Zutaten mit Handrührgerät mit Knethaken zunächst auf niedrigster, dann auf höchster Stufe in etwa 5 Minuten zu einem glatten Teig verarbeiten.

4 Den Teig zugedeckt an einem warmen Ort so lange gehen lassen, bis er sich sichtbar vergrößert hat. Ihn dann mit Mehl bestäuben, aus der Schüssel nehmen, auf der Arbeitsfläche kurz durchkneten und zu einem ovalen Brotlaib formen.

5 Den Brotlaib auf ein gefettetes Backblech legen. Zugedeckt an einem warmen Ort nochmals so lange gehen lassen, bis er sichtbar vergrößert hat.

6 Brotlaib mit Wasser bestreichen, mit Roggenkörnern bestreuen. Das Backblech in den Backofen schieben.

**Ober-/Unterhitze:** etwa 180 °C (vorgeheizt)
**Heißluft:** etwa 160 °C (nicht vorgeheizt)
**Gas:** etwa Stufe 3 (vorgeheizt)
**Backzeit:** etwa 70 Minuten

**Tip:** *Während des Backens eine Schale mit heißem Wasser auf den Boden des Backofens stellen. Dieses Brot kann auch in einem Brotbackautomaten für 1000 g-Brote gebacken werden.*

# Siebenkornbrot

**1** Etwas Gerstengrütze und Sesam zur Seite stellen. Restliche Gerste, Sesam, Weizenmehl, Roggenmehl, Buchweizenmehl, Grünkern, Haferflocken und Leinsamenschrot mit Trockenhefe sorgfältig vermischen. Zucker, Salz und Wasser hinzugeben.

**2** Die Zutaten mit Handrührgerät mit Knethaken zunächst auf niedrigster, dann auf höchster Stufe in etwa 5 Minuten zu einem glatten Teig verarbeiten. Den Teig zugedeckt so lange an einem warmen Ort gehen lassen, bis er sich sichtbar vergrößert hat.

**3** Den Teig leicht mit Mehl bestäuben, aus der Schüssel nehmen, auf der Arbeitsfläche nochmals kurz durchkneten, zu einem Laib formen und auf ein gefettetes Backblech legen.

**4** Nochmals zugedeckt an einem warmen Ort so lange gehen lassen, bis er sich sichtbar vergrößert hat.

**5** Die Oberfläche mit Wasser bepinseln, mit Gerstengrütze und Sesam bestreuen. Das Backblech in den Backofen schieben.

**Ober-/Unterhitze:** etwa 200 °C (vorgeheizt)
**Heißluft:** etwa 180 °C (nicht vorgeheizt)
**Gas:** Stufe 3–4 (vorgeheizt)
**Backzeit:** etwa 65 Minuten

**Zutaten**

- 60 g Gerstengrütze
- 60 g Sesamsamen
- 125 g Weizenmehl (Type 1050)
- 125 g Roggenmehl (Type 1150)
- 60 g Buchweizenmehl
- 1 EL Grünkern (ganze Körner)
- 60 g kernige Haferflocken
- 60 g Leinsamenschrot
- 2 Pck. Trockenhefe
- 1 TL Zucker
- 1 1/2 TL Salz
- 250 ml (1/4 l) lauwarmes Wasser

**Zubereitungszeit:**
etwa 2 1/2 Stunden

**Insgesamt:**
E: 79 g, F: 60 g, Kh: 331 g, kJ: 9609, kcal: 2295

*RAFFINIERT*

# Kartoffelbrot

(2 Stück)

**Zutaten**

**500 g mehligkochende Kartoffeln**
**150 g Sonnenblumenkerne**
**1 Apfel, z.B. Boskop**
**750 g feingemahlener Weizen**
**2 TL Salz**
**60 g weiche Butter**
**1 Würfel (42 g) Frischhefe**
**10 g Zucker**
**200 ml lauwarme Milch**
**200 ml lauwarmes Wasser**
**3 EL Sonnenblumenkerne**

**Zubereitungszeit:**
etwa 2 Stunden

**Insgesamt:**
E: 156 g, F: 167 g, Kh: 569 g, kJ: 19378, kcal: 4630

*GUT VORZUBEREITEN*

1 Kartoffeln in etwa 20 Minuten garen, heiß pellen und sofort durch die Kartoffelpresse drücken und abkühlen lassen.

2 Sonnenblumenkerne in einer Pfanne ohne Fett rösten. Apfel schälen, vierteln, entkernen und raspeln.

3 Weizen und Kartoffeln vermengen. Salz und Butter hinzufügen.

4 Hefe mit Zucker in der Milch auflösen und etwa 5 Minuten gehen lassen. Mit dem Wasser zu der Kartoffel-Mehl-Masse geben. Die Zutaten mit Handrührgerät mit Knethaken zunächst auf niedrigster, dann auf höchster Stufe in etwa 5 Minuten zu einem glatten Teig verarbeiten.

5 Kurz vor Beendigung der Knetzeit Apfelraspel und Sonnenblumenkerne unterarbeiten. Den Teig zugedeckt an einem warmen Ort so lange gehen lassen, bis er sich sichtbar vergrößert hat. Ihn dann mit Mehl bestäuben, aus der Schüssel nehmen, auf der Arbeitsfläche nochmals kurz durchkneten und in 2 Hälften teilen.

6 Die beiden Teighälften in 2 gefettete Kastenformen (30 x 11 cm) geben und zugedeckt an einem warmen Ort nochmals gehen lassen, bis sie sich sichtbar vergrößert haben.

7 Die Teigoberfläche mit Wasser bestreichen und mit Sonnenblumenkernen bestreuen. Die Formen auf dem Rost in den Backofen schieben.

**Ober-/Unterhitze:** etwa 180 °C (vorgeheizt)
**Heißluft:** etwa 160 °C (nicht vorgeheizt)
**Gas:** etwa Stufe 3 (nicht vorgeheizt)
**Backzeit:** etwa 70 Minuten

# Sesambrot

| Zutaten |
|---|
| 3 EL Sesamsamen |
| 500 g Weizenmehl (Type 550) |
| 1 Pck. Trockenhefe |
| 1 TL Zucker |
| gut 1 TL Salz |
| 250 ml (1/4 l) lauwarmes Wasser |
| 4 EL Olivenöl |
| Sesamsamen |

**Zubereitungszeit:**
etwa 95 Minuten

**Insgesamt:**
E: 68 g, F: 82 g, Kh: 369 g, kJ: 10950, kcal: 2618

*MÖGLICH IM BROTBACK-AUTOMAT*

1 Sesamsamen in einer Pfanne ohne Fett rösten.

2 Weizenmehl in eine Rührschüssel sieben, mit Trockenhefe sorgfältig vermischen.

3 Zucker, Salz, Wasser und Öl hinzufügen. Die Zutaten mit Handrührgerät mit Knethaken zunächst auf niedrigster, dann auf höchster Stufe in etwa 5 Minuten zu einem glatten Teig verarbeiten.

4 Gegen Ende der Knetzeit geröstete Sesamsamen unterkneten. Den Teig zugedeckt an einem warmen Ort so lange gehen lassen, bis er sich sichtbar vergrößert hat.

5 Den Teig kurz durchkneten. Ihn in eine gefettete Kastenform (30 x 11 cm) geben, zugedeckt nochmals an einem warmen Ort so lange gehen lassen, bis er sich sichtbar vergrößert hat.

6 Die Oberfläche des Teiges mit Wasser bestreichen und mit Sesam bestreuen. Die Form auf dem Rost in den Backofen schieben.

**Ober-/Unterhitze:** 180–200 °C (vorgeheizt)
**Heißluft:** 160–180 °C (nicht vorgeheizt)
**Gas:** Stufe 3–4 (vorgeheizt)
**Backzeit:** etwa 45 Minuten

**Tips:** *Einfacher geht es, wenn Sie eine Backmischung Landbrot (für ein Brot von 750 g) nehmen. Den Teig nach Anleitung auf der Packung zubereiten. Gegen Ende der Knetzeit Sesam unterkneten, weiter wie im Rezept beschrieben vorgehen.*
*Das Brot kann auch im Brotbackautomaten zubereitet werden. Der Brotbackautomat gibt ein Signal, wenn Zutaten, wie hier der geröstete Sesam, untergeknetet werden müssen. Das Bestreuen des Brotes mit Sesam kann auch entfallen, dann muß man sich nicht zum richtigen Zeitpunkt (das Gerät zeigt es an) beim Brotbackautomaten aufhalten.*

# Hirsebrot aus der Pfanne

**Zutaten**

- 200 g Hirsekörner
- 300 ml Wasser
- 30 g Frischhefe
- 3 EL lauwarmes Wasser
- 1 TL flüssiger Honig
- 200 g Weizenvollkornmehl
- etwa 125 ml (1/8 l) lauwarme Milch
- 2 EL flüssiger Honig
- 1 TL Meersalz
- 1 TL gemahlener Kardamom
- 2 TL kaltgepreßtes Sonnenblumen- oder Maiskeimöl
- 4 EL Hirsekörner

**Zubereitungszeit:**
etwa 3 Stunden, ohne Einweichzeit

**Insgesamt:**
E: 46 g, F: 27 g, Kh: 324 g, kJ: 7556, kcal: 1804

*RAFFINIERT*

1 Hirse über Nacht in Wasser einweichen und abtropfen lassen.

2 Hefe zerbröckeln, in lauwarmem Wasser auflösen, mit dem Honig verrühren und zugedeckt an einem warmen Ort etwa 15 Minuten gehen lassen.

3 Hirse, Mehl, Milch, Honig, Meersalz, Kardamom und aufgelöste Hefe in eine Rühschüssel geben, mit Handrührgerät mit Knethaken zunächst auf niedrigster, dann auf höchster Stufe in etwa 5 Minuten zu einem glatten Teig verarbeiten und zugedeckt etwa 1 Stunde an einem warmen Ort gehen lassen.

4 Eine Pfanne mit Öl ausstreichen und mit Hirsekörnern ausstreuen.

5 Einen Teil des Teiges zu einem flachen Brot in Pfannengröße formen, in der Pfanne etwa 30 Minuten gehen lassen. Pfanne erhitzen, Deckel auflegen, bei mittlerer Hitze von jeder Seite etwa 15 Minuten backen.

6 Den restlichen Teig auf die gleiche Weise backen. Nach dem Backen evtl. verbrannte Körner von dem Brot klopfen. Das Hirsebrot heiß oder kalt servieren.

**Tip:** *Hirsebrot mit Käsecreme oder vegetarischen Brotaufstrichen servieren.*

# Dinkel-Nußbrot

**Zutaten**

500 g feingemahlener Dinkel
1 Pck. Trockenhefe
30 g brauner Zucker
1 TL Salz
1 Prise Kardamom
1 Prise gemahlener Zimt
2 Eier
250 ml (1/4 l) Milch
75 g zerlassene, abgekühlte Butter
150 g Haselnußkerne
Weizenmehl
gehackte Haselnußkerne

**Zubereitungszeit:**
etwa 90 Minuten

**Insgesamt:**
E: 112 g, F: 199 g, Kh: 369 g,
kJ: 16325, kcal: 3900

*MÖGLICH IM BROTBACK-AUTOMAT*

1 Dinkel mit Trockenhefe in einer Rührschüssel sorgfältig vermischen. Zucker, Salz, Gewürze, Eier, Milch und Butter hinzufügen. Zutaten mit Handrührgerät mit Knethaken zunächst auf niedrigster, dann auf höchster Stufe in etwa 5 Minuten einem glatten Teig verarbeiten.

2 Haselnußkerne unterkneten. Den Teig zugedeckt an einem warmen Ort so lange gehen lassen, bis er sich sichtbar vergrößert hat.

3 Den Teig mit etwas Weizenmehl bestäuben, aus der Schüssel nehmen, auf der Arbeitsfläche kurz durchkneten, zu einem länglichen Brotlaib (etwa 30 cm) formen.

4 Brotlaib auf ein gefettetes Backblech legen, zugedeckt nochmals an einem warmen Ort gehen lassen, bis es sich sichtbar vergrößert hat.

5 Teigoberfläche mehrere Male schräg etwa 1 cm tief einschneiden (nicht drücken), mit Wasser bestreichen, mit Haselnußkernen bestreuen und in den Backofen schieben.

**Ober-/Unterhitze:** 180–200 °C (vorgeheizt)
**Heißluft:** 160–180 °C (nicht vorgeheizt)
**Gas:** Stufe 3–4 (vorgeheizt)
**Backzeit:** etwa 45 Minuten

**Tip:** *Bei der Verwendung eines Brotbackautomatens ist es wichtig für ein einwandfreies Backergebnis, das Vollkornprogramm zu wählen. Die Haselnußkerne werden im Brotbackautomaten von vornherein hinzugefügt.*

# Weizen-Haferflockenbrot

**Zutaten**

- 500 g Weizenvollkornmehl
- 2 Pck. Trockenhefe
- 1 TL Zucker
- 1 $^1/_2$ TL Salz
- 100 ml lauwarmes Wasser
- 500 ml ($^1/_2$ l) Buttermilch
- 300 g kernige Haferflocken

**Zubereitungszeit:**
etwa 2 Stunden

**Insgesamt:**
E: 123 g, F: 36 g, Kh: 518 g, kJ: 12805, kcal: 3055

MÖGLICH IM BROTBACK-AUTOMAT

1 Weizenvollkornmehl in eine Rührschüssel geben, mit der Trockenhefe sorgfältig vermischen. Zucker, Salz, Wasser und Buttermilch hinzufügen.

2 Die Zutaten mit Handrührgerät mit Knethaken zunächst auf niedrigster, dann auf höchster Stufe in etwa 5 Minuten zu einem glatten Teig verarbeiten. Den Teig zugedeckt so lange an einem warmen Ort gehen lassen, bis er sich sichtbar vergrößert hat.

3 Teig mit Mehl bestäuben, aus der Schüssel nehmen, auf der Arbeitsfläche durchkneten, dabei 250 g Haferflocken unterkneten. Den Teig zu einer Rolle (30 cm lang) formen.

4 Die Teigrolle in eine gefettete, mit 25 g Haferflocken ausgestreute Kastenform (30 x 11 cm) legen. Teig zugedeckt nochmals gehen lassen, bis er sich sichtbar vergrößert hat.

5 Die Oberseite mehrmals etwa 1 cm tief einschneiden, mit Wasser bestreichen, mit den restlichen Haferflocken bestreuen. Die Form auf dem Rost in den Backofen schieben.

**Ober-/Unterhitze:** etwa 250 °C (vorgeheizt)
**Heißluft:** etwa 220 °C (nicht vorgeheizt)
**Gas:** Stufe 4–5 (nicht vorgeheizt)
**Backzeit:** etwa 15 Minuten
**dann**
**Ober-/Unterhitze:** etwa 190 °C
**Heißluft:** etwa 170 °C
**Gas:** Stufe 3–4
**Backzeit:** 40–45 Minuten

**Abwandlung:** *Aus dem gegangenen Teig 12 Brötchen formen, auf ein gefettetes Backblech legen, einschneiden und mit Wasser bestreichen, mit Haferflocken bestreuen und nochmals gehen lassen.*

**Tip:** *Das Brot kann sehr gut im Brotbackautomaten zubereitet werden, allerdings muß für ein einwandfreies Backergebnis das Vollkornprogramm gewählt werden.*

# Buttertoastbrot

**1** Beide Mehlsorten in eine Rührschüssel geben, mit Trockenhefe sorgfältig vermischen. Salz, Honig, Butter, Ei und Milch hinzufügen.

**2** Alle Zutaten mit Handrührgerät mit Knethaken zunächst auf niedrigster, dann auf höchster Stufe in etwa 5 Minuten zu einem glatten Teig verarbeiten.

**3** Den Teig zugedeckt an einem warmen Ort so lange gehen lassen, bis er sich sichtbar vergrößert hat. Ihn mit Mehl bestäuben, aus der Schüssel nehmen, auf der Arbeitsfläche nochmals durchkneten.

**4** Den Teig in eine gefettete, mit Semmelbröseln ausgestreute Kastenform (30 x 11 cm) geben, nochmals zugedeckt an einem warmen Ort gehen lassen, bis er sich sichtbar vergrößert hat.

**5** Die Teigoberfläche mehrmals schräg einschneiden, mit Wasser bestreichen. Die Form auf dem Rost in den Backofen schieben.

**Ober-/Unterhitze:** 180–200 °C (vorgeheizt)
**Heißluft:** 160–180 °C (nicht vorgeheizt)
**Gas:** Stufe 3–4 (vorgeheizt)
**Backzeit:** 40–50 Minuten

**Tip:** *Für eine besonders schöne, kroße Kruste beim Backen im Brotbackautomaten die Bräunungsstufe „dunkel" wählen.*

**Zutaten**

**250 g Weizenmehl (Type 405)**
**250 g Weizenmehl (Type 1050)**
**1 Pck. Trockenhefe**
**1 gestr. TL Meersalz**
**1 geh. TL Honig**
**75 g weiche Butter**
**1 Ei**
**etwa 250 ml (1/4 l) lauwarme Milch**
**20 g Semmelbrösel**

**Zubereitungszeit:**
etwa 2 Stunden

**Insgesamt:**
E: 79 g, F: 93 g, Kh: 387 g, kJ: 11882, kcal: 2838

MÖGLICH IM BROTBACK-AUTOMAT

# Kräuterbaguettes

(etwa 8 Stück)

**Zutaten**

**600 g Weizenmehl (Type 1050)**
**1 Pck. Trockenhefe**
**knapp 500 ml (1/2 l) lauwarmes Wasser**
**1 1/2 EL Meersalz**
**3 EL feingeschnittener Schnittlauch**
**3 EL feingehackte Petersilie**
**1 Eigelb**
**1 EL Wasser**

**Zubereitungszeit:**
etwa 90 Minuten

**Insgesamt:**
E: 80 g, F: 16 g, Kh: 409 g, kJ: 9336, kcal: 2229

*PREISWERT*

1 Weizenmehl in eine Rührschüssel geben, mit Trockenhefe sorgfältig vermischen. Wasser und Meersalz hinzufügen und alle Zutaten mit Handrührgerät mit Knethaken zunächst auf niedrigster, dann auf höchster Stufe in etwa 5 Minuten zu einem glatten Teig verarbeiten.

2 Gegen Ende der Knetzeit Schnittlauch und Petersilie unterkneten.

3 Den Teig zugedeckt an einem warmen Ort so lange gehen lassen, bis er sich sichtbar vergrößert hat. Ihn mit Mehl bestäuben, aus der Schüssel nehmen und auf der Arbeitsfläche durchkneten.

4 Aus dem Teig 8 etwa 15 cm lange Rollen formen, auf ein mit Backpapier belegtes Backblech legen und nochmals so lange an einem warmen Ort gehen lassen, bis sie sich sichtbar vergrößert haben.

5 Die Oberfläche der Baguettes 4–5 mal 1 cm tief schräg einschneiden.

6 Eigelb mit Wasser verschlagen, die Kräuterbaguettes damit bestreichen. Das Backblech in den Backofen schieben.

**Ober-/Unterhitze:** 180–200 °C (vorgeheizt)
**Heißluft:** 160–180 °C (nicht vorgeheizt)
**Gas:** etwa Stufe 3 (vorgeheizt)
**Backzeit:** etwa 25 Minuten

# Sesamfladen

(etwa 6 Stück)

**Zutaten**

**300 g Weizenkörner**
**75 g Sesamsamen**
**1/2 TL gemahlener Koriander**
**1 Pck. Trockenhefe**
**1 TL Meersalz**
**200 ml lauwarmes Wasser**
**1 Eigelb**
**1 EL Wasser**

**Zubereitungszeit:**
etwa 75 Minuten

**Insgesamt:**
E: 58 g, F: 50 g, Kh: 190 g,
kJ: 6346, kcal: 1517

*FÜR GÄSTE*

1 Weizen mittelfein schroten. Sesam in einer Pfanne ohne Fett leicht rösten, etwas Sesam zurücklassen.

2 Restlichen Sesam mit dem geschroteten Weizen, Koriander und Trockenhefe sorgfältig vermischen. Salz und Wasser hinzufügen.

3 Alle Zutaten mit Handrührgerät mit Knethaken zuerst auf niedrigster, dann auf höchster Stufe in etwa 5 Minuten zu einem glatten Teig verarbeiten. Den Teig zugedeckt an einem warmen Ort so lange gehen lassen, bis er sich sichtbar vergrößert hat.

4 Teig mit Mehl bestäuben, aus der Schüssel nehmen, auf der Arbeitsfläche nochmals kurz durchkneten, in 6 Stücke schneiden, aus den Teigstücken flache Fladen formen.

5 Eigelb mit Wasser verquirlen, die Fladen damit bestreichen und mit zurückgelassenem Sesam bestreuen.

6 Die Fladen auf gefettete Backbleche legen, zugedeckt an einem warmen Ort nochmals so lange gehen lassen, bis sie sich sichtbar vergrößert haben. Backblech in den Backofen schieben.

**Ober-/Unterhitze:** etwa 200 °C (vorgeheizt)
**Heißluft:** etwa 180 °C (nicht vorgeheizt)
**Gas:** Stufe 3–4 (vorgeheizt)
**Backzeit:** etwa 20 Minuten

**Beigabe:** *Käse, Oliven und Rotwein.*

# Zitronen-Apfel-Brot

**Zutaten**

**500 g Weizenmehl (Type 405)**
**1 Pck. Trockenhefe**
**3 TL Zucker**
**1 ½ TL Salz**
**abgeriebene Zitronenschale (unbehandelt)**
**1 Becher (150 g) Crème fraîche**
**50 g zerlassene, abgekühlte Margarine**
**125 ml (⅛ l) lauwarme Milch**
**1 mittelgroßer Apfel**
**2 EL feingeschnittene Zitronenmelisse**
**Sesamsamen**

**Zubereitungszeit:**
etwa 90 Minuten

**Insgesamt:**
E: 69 g, F: 106 g, Kh: 410 g, kJ: 12571, kcal: 3003

*MÖGLICH IM BROTBACK-AUTOMAT*

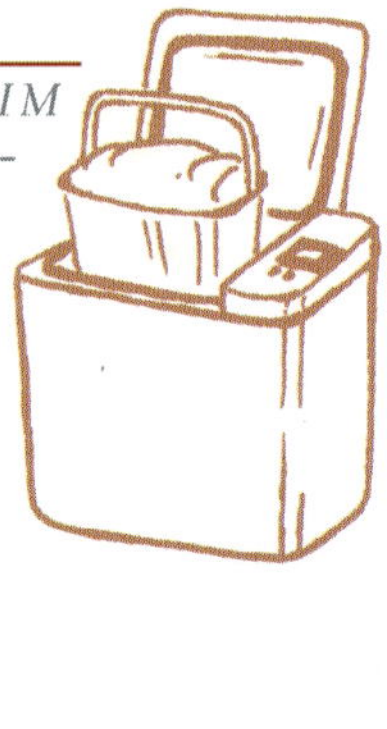

1 Weizenmehl in eine Rührschüssel sieben, mit Trockenhefe sorgfältig vermischen. Zucker, Salz, Zitronenschale, Crème fraîche, Margarine und Milch hinzufügen.

2 Die Zutaten mit Handrührgerät mit Knethaken zunächst auf niedrigster, dann auf höchster Stufe in etwa 5 Minuten zu einem glatten Teig verarbeiten, zugedeckt an einem warmen Ort so lange gehen lassen, bis er sich sichtbar vergrößert hat.

3 Apfel schälen, vierteln, entkernen, grob raspeln, mit der Zitronenmelisse auf mittlerer Stufe unter den gegangenen Teig kneten.

4 Teig aus der Schüssel nehmen, auf der Arbeitsfläche durchkneten. Aus dem Teig 4 gleichgroße Kugeln formen, in eine Springform (Ø 26 cm, Boden gefettet) legen. Den Teig mit Wasser bestreichen, mit Sesamsamen bestreuen.

5 Teig nochmals so lange an einem warmen Ort gehen lassen, bis er sich sichtbar vergrößert hat. Die Form auf dem Rost in den Backofen schieben.

**Ober-/Unterhitze:** etwa 200 °C (vorgeheizt)
**Heißluft:** etwa 180 °C (nicht vorgeheizt)
**Gas:** Stufe 3–4 (vorgeheizt)
**Backzeit:** 40–50 Minuten

**Tip:** *Wenn das Brot im Brotbackautomaten zubereitet wird, muß ein einfaches Programm gewählt werden, da sonst die Garzeiten zu lang sind.*

# Kastenweißbrot

| **Zutaten** |
|---|
| 500 g Weizenmehl (Type 405) |
| 1 Pck. Trockenhefe |
| 1 gestr. TL Zucker |
| 1 schwach geh. TL Salz |
| 2 Eier |
| 1 Eigelb |
| etwa 100 ml lauwarme Milch |
| 1 Becher (150 g) Crème fraîche |
| Semmelbrösel |

**Zubereitungszeit:**
etwa 2 Stunden

**Insgesamt:**
E: 83 g, F: 74 g, Kh: 390 g, kJ: 11260, kcal: 2690

*MÖGLICH IM BROTBACK-AUTOMAT*

1 Mehl in eine Rührschüssel sieben, mit der Trockenhefe sorgfältig vermischen. Zucker, Salz, Eier, Eigelb, Milch und Crème fraîche hinzufügen.

2 Die Zutaten mit Handrührgerät mit Knethaken zunächst auf niedrigster, dann auf höchster Stufe in etwa 5 Minuten zu einem glatten Teig verarbeiten, zugedeckt an einem warmen Ort so lange gehen lassen, bis er sich sichtbar vergrößert hat.

3 Den Teig kurz durchkneten, in eine gefettete, mit Semmelbröseln ausgestreute Kastenform (30 x 11 cm) geben, nochmals an einem warmen Ort gehen lassen.

4 Den Teig auf der oberen Seite der Länge nach etwa 1 cm tief einschneiden (nicht drücken), mit Wasser bestreichen, Form auf dem Rost in den Backofen schieben.

**Ober-/Unterhitze:** 180–200 °C (vorgeheizt)
**Heißluft:** 160–180 °C (nicht vorgeheizt)
**Gas:** Stufe 3–4 (vorgeheizt)
**Backzeit:** 40–50 Minuten

**Tip:** *Für eine besonders schöne, kroße Kruste beim Backen im Brotbackautomaten die Bräunungsstufe „dunkel“ wählen.*

# Sauerteigbrote

## Sojabrot

| Zutaten |
|---|
| **250 g Weizenkörner** |
| **125 g Roggenkörner** |
| **1 TL Korianderkörner** |
| **125 g Sojamehl** |
| **1 Pck. Trockenhefe** |
| **1 Pck. (15 g) Sauerteig-Extrakt** |
| **1 TL Salz** |
| **2 EL Speiseöl** |
| **375 ml (3/8 l) lauwarmes Wasser** |
| **geröstete Sojaflocken** |

**Zubereitungszeit:**
etwa 2 Stunden

**Insgesamt:**
E: 136 g, F: 35 g, Kh: 314 g, kJ: 9187, kcal: 2197

*MÖGLICH IM BROTBACK-AUTOMAT*

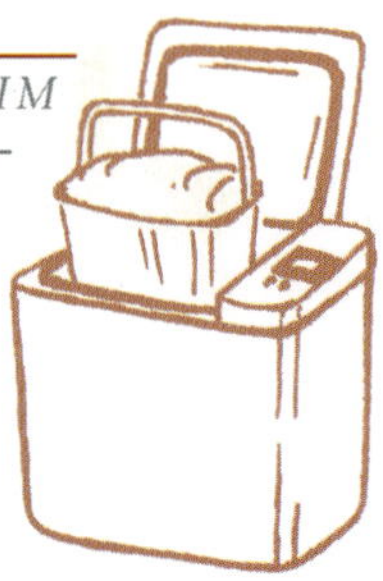

1 Weizen-, Roggen- und Korianderkörner mittelfein mahlen, mit Sojamehl in eine Rührschüssel geben, mit Trockenhefe und Sauerteig-Extrakt sorgfältig vermischen. Salz, Öl und Wasser hinzufügen.

2 Alle Zutaten mit Handrührgerät mit Knethaken zunächst auf niedrigster, dann auf höchster Stufe in etwa 5 Minuten zu einem glatten Teig verarbeiten.

3 Den Teig zugedeckt an einem warmen Ort so lange gehen lassen, bis er sich sichtbar vergrößert hat. Ihn mit Mehl bestäuben, aus der Schüssel nehmen, auf der Arbeitsfläche durchkneten, dabei zu einem runden Brotlaib formen.

4 Den Brotlaib auf ein gefettetes Backblech legen, zugedeckt an einem warmen Ort nochmals so lange gehen lassen, bis er sich sichtbar vergrößert hat.

5 Den Brotlaib mit Wasser bestreichen, mit Sojaflocken bestreuen. Das Backblech in den Backofen schieben.

**Ober-/Unterhitze:** etwa 200 °C (vorgeheizt)
**Heißluft:** etwa 180 °C (nicht vorgeheizt)
**Gas:** Stufe 3–4 (vorgeheizt)
**Backzeit:** etwa 50 Minuten

**Tips:** *Brotlaib in einem Gärkorb gehen lassen. Das Brot kann auch sehr gut im Brotbackautomaten mit einem Vollkornprogramm zubereitet werden. Das Brot ist von der Konsistenz her sehr feucht.*

# Sonnenblumenbrot

| **Zutaten** |
|---|
| 250 g Weizenkörner |
| 200 g Roggenkörner |
| 50 g Weizenvollkornmehl |
| 1 Pck. Trockenhefe |
| 1 Pck. (15 g) Sauerteig-Extrakt |
| 375 ml ($^{3}/_{8}$ l) lauwarmes Wasser |
| 1 TL Meersalz |
| 1 EL flüssiger Honig |
| 2 EL Speiseöl |
| 100 g Sonnenblumenkerne |
| 60 g Sesamsamen |
| 60 g Leinsamen |
| 1 EL Sonnenblumenkerne |

**Zubereitungszeit:**
etwa 110 Minuten

**Insgesamt:**
E: 118 g, F: 139 g, Kh: 379 g,
kJ: 14255, kcal: 3406

*MÖGLICH IM BROTBACK-AUTOMAT*

1 Weizen- und Roggenkörner grob mahlen, mit dem Weizenvollkornmehl in eine Rührschüssel geben, mit Trockenhefe und Sauerteig-Extrakt sorgfältig vermischen. Wasser, Salz, Honig und Öl hinzufügen.

2 Die Zutaten mit Handrührgerät mit Knethaken zunächst auf niedrigster, dann auf höchster Stufe in etwa 5 Minuten zu einem glatten Teig verarbeiten. Den Teig an einem warmen Ort so lange gehen lassen, bis er sich sichtbar vergrößert hat.

3 Sonnenblumenkerne, Sesamsamen und Leinsamen auf mittlerer Stufe unter den Teig kneten. Den Teig mit Mehl bestäuben, aus der Schüssel nehmen, auf der Arbeitsfläche durchkneten. Aus dem Teig ein rundes Brot formen, auf ein gefettetes Backblech legen, nochmals so lange an einem warmen Ort gehen lassen, bis er sich sichtbar vergrößert hat.

4 Den Teig mit Wasser bestreichen, mit Sonnenblumenkernen bestreuen. Das Backblech in den Backofen schieben.

**Ober-/Unterhitze:** etwa 200 °C (vorgeheizt)
**Heißluft:** etwa 180 °C (nicht vorgeheizt)
**Gas:** Stufe 3–4 (vorgeheizt)
**Backzeit:** etwa 45 Minuten

5 Sofort nach dem Backen das Brot vorsichtig mit Wasser bestreichen, mit Weizenvollkornmehl bestäuben.

**Tip:** *Im Brotbackautomaten mit einem Vollkornprogramm wird ein sehr gutes Backergebnis erzielt.*

# Dunkles Sauerbrot

**Zutaten**

**375 g Roggenmehl (Type 1150)**
**375 g Weizenvollkornmehl (Type 1700)**
**2 Pck. Trockenhefe**
**1 TL Zucker**
**1 gestr. EL Salz**
**1 Pck. (150 g) Natur-Sauerteig (aus dem Reformhaus)**
**400 ml lauwarmes Wasser**
**etwas Weizenmehl**

**Zubereitungszeit:**
etwa 2 Stunden

**Insgesamt:**
E: 91 g, F: 15 g, Kh: 523 g, kJ: 11486, kcal: 2744

*GUT VORZUBEREITEN*

1 Beide Mehlsorten in eine Rührschüssel geben, mit Trockenhefe sorgfältig vermischen. Zucker, Salz, Sauerteig und Wasser hinzufügen.

2 Die Zutaten mit Handrührgerät mit Knethaken zunächst auf niedrigster, dann auf höchster Stufe in etwa 5 Minuten zu einem glatten Teig verarbeiten. Den Teig zugedeckt an einem warmen Ort so lange gehen lassen, bis er sich sichtbar vergrößert hat.

3 Den Teig mit Mehl bestäuben, aus der Schüssel nehmen, auf der Arbeitsfläche durchkneten, aus dem Teig ein rundes Brot formen.

4 Das Brot auf ein gefettetes Backblech legen, nochmals zugedeckt so lange an einem warmen Ort gehen lassen, bis es sich sichtbar vergrößert hat.

5 Die obere Seite des Teiges kreuzweise etwa 1 cm tief einschneiden. Den Teig mit Wasser bestreichen, mit Weizenmehl bestäuben und das Backblech in den Backofen schieben.

**Ober-/Unterhitze:** etwa 200 °C (vorgeheizt)
**Heißluft:** etwa 180 °C (nicht vorgeheizt)
**Gas:** Stufe 3–4 (vorgeheizt)
**Backzeit:** 50–60 Minuten

6 Sofort nach dem Backen die Brotkanten mit Wasser bestreichen.

**Tip:** *Den Teig in einer gefetteten, mit Semmelbröseln ausgestreuten Kastenform (35 x 11 cm) backen.*

# Bayerisches Gewürzbrot

**Zutaten**

500 g Weizenkörner
500 g Roggenkörner
2 Pck. Trockenhefe
2 Pck. (je 15 g) Sauerteig-Extrakt
2 schwach geh. TL Meersalz
2 TL Kümmelsamen
2 TL Fenchelsamen
2 TL Anissamen
1 TL gemahlener Koriander
etwa 750 ml (3/4 l) lauwarmes Wasser
etwas Weizenmehl

1 Weizenkörner fein mahlen. Roggenkörner mittelfein mahlen. Beide Mehlsorten mit der Trockenhefe und Sauerteig-Extrakt sorgfältig vermischen. Salz, Gewürze und Wasser hinzufügen.

2 Alle Zutaten in der Küchenmaschine oder mit Handrührgerät mit Knethaken zuerst auf niedrigster, dann auf höchster Stufe in etwa 5 Minuten zu einem glatten Teig verarbeiten. Den Teig an einem warmen Ort so lange gehen lassen, bis er sich sichtbar vergrößert hat.

3 Ihn dann mit Mehl bestäuben, aus der Schüssel nehmen, auf der Arbeitsfläche durchkneten, zu einem runden Brotlaib formen.

4 Brotlaib auf ein gefettetes Backblech legen und zugedeckt an einem warmen Ort so lange gehen lassen, bis er sich sichtbar vergrößert hat.

5 Den Brotlaib mit Wasser bestreichen, mit Weizenmehl bestäuben. Das Backblech in den Backofen schieben.

6 Während des Backens das Brot zwei- bis dreimal mit kaltem Wasser besprenkeln.

**Ober-/Unterhitze:** 200–220 °C (vorgeheizt)
**Heißluft:** 180–200 °C (nicht vorgeheizt)
**Gas:** etwa Stufe 4 (vorgeheizt)
**Backzeit:** etwa 80 Minuten

**Tip:** *Während des Backens eine Schale mit heißem Wasser auf den Boden des Backofens stellen.*

**Zubereitungszeit:**
etwa 2 1/2 Stunden

**Insgesamt:**
E: 132 g, F: 24 g, Kh: 686 g, kJ: 15441, kcal: 3693

*RAFFINIERT*

# Sauerteigbrot

**Zutaten**

**500 g Weizenkörner**
**300 g Roggenvollkornschrot**
**200 g Roggenmehl (Type 1150)**
**2 Pck. Trockenhefe**
**2 Pck. (je 15 g) Sauerteig-Extrakt**
**1 EL Salz**
**750 ml (3/4 l) lauwarmes Wasser**

**Zubereitungszeit:**
etwa 2 1/2 Stunden

**Insgesamt:**
E: 130 g, F: 20 g, Kh: 693 g, kJ:15218, kcal: 3624

*MÖGLICH IM BROTBACK-AUTOMAT*

1 300 g Weizen mittelgrob schroten. Restlichen Weizen fein mahlen. Beide Zutaten mit Roggenvollkornschrot und Roggenmehl in eine Schüssel geben, mit Trockenhefe und Sauerteig-Extrakt sorgfältig vermischen. Salz und Wasser hinzufügen.

2 Alle Zutaten in der Küchenmaschine oder mit Handrührgerät mit Knethaken zunächst auf niedrigster, dann auf höchster Stufe in etwa 5 Minuten zu einem glatten Teig verarbeiten.

3 Den Teig zugedeckt an einem warmen Ort so lange gehen lassen, bis er sich sichtbar vergrößert hat. Ihn mit Mehl bestäuben, aus der Schüssel nehmen, auf der Arbeitsfläche durchkneten, dabei zu einer Kugel formen.

4 Die Teigkugel in ein geflochtenes, unlackiertes, mit Weizenvollkornmehl ausgestreutes Weidenkörbchen (Gärkörbchen) legen. Teig zugedeckt an einem warmen Ort nochmals so lange gehen lassen, bis er sich sichtbar vergrößert hat.

5 Teig dann auf ein gefettetes Backblech stürzen und in den Backofen schieben.

**Ober-/Unterhitze:** 200–220 °C (vorgeheizt)
**Heißluft:** 180–200 °C (nicht vorgeheizt)
**Gas:** etwa Stufe 4 (vorgeheizt)
**Backzeit:** etwa 1 Stunde

**Tip:** *Während des Backens eine Schale mit heißem Wasser auf den Boden des Backofens stellen. Dieses Brot kann auch in einem Brotbackautomaten für 1000 g-Brote gebacken werden.*

# Roggenbrot mit Kürbiskernen

**Zutaten**

750 g Roggenkörner
2 Pck. Trockenhefe
2 Pck. (je 15 g) Sauerteig-Extrakt
1 gestr. EL Meersalz
1 gestr. EL gemahlener Kümmel
2 TL flüssiger Honig
gut 500 ml (1/2 l) lauwarmes Wasser
150 g geschälte Kürbiskerne

**Zubereitungszeit:**
etwa 2 Stunden

**Insgesamt:**
E: 131 g, F: 82 g, Kh: 545 g, kJ: 15230, kcal: 3642

*RAFFINIERT*

1 Roggenkörner fein mahlen, in eine Rührschüssel geben, mit Trockenhefe und Sauerteig-Extrakt sorgfältig vermischen. Salz, Kümmel, Honig und Wasser hinzufügen.

2 Alle Zutaten in der Küchenmaschine oder mit Handrührgerät mit Knethaken zuerst auf niedrigster, dann auf höchster Stufe in etwa 5 Minuten zu einem glatten Teig verarbeiten. Zuletzt Kürbiskerne unterkneten.

3 Den Teig zugedeckt an einem warmen Ort so lange gehen lassen, bis er sich sichtbar vergrößert hat. Ihn dann mit Mehl bestäuben, aus der Schüssel nehmen, auf der Arbeitsfläche durchkneten, zu einem länglichen, ovalen Brotlaib formen und auf ein gefettetes Backblech legen.

4 Ihn nochmals zugedeckt an einem warmen Ort so lange gehen lassen, bis er sich sichtbar vergrößert hat.

5 Brotlaib mit Wasser bestreichen. Das Backblech in den Backofen schieben.

**Ober-/Unterhitze:** etwa 200 °C (vorgeheizt)
**Heißluft:** etwa 170 °C (nicht vorgeheizt)
**Gas:** Stufe 3–4 (vorgeheizt)
**Backzeit:** 40–45 Minuten
dann
**Ober-/Unterhitze:** etwa 250 °C
**Heißluft:** etwa 220 °C
**Gas:** etwa Stufe 5
**Backzeit:** etwa 10 Minuten

**Tip:** *Das fertige Brot mit heißem Wasser bestreichen und noch 5–10 Minuten im ausgeschalteten Backofen stehen lassen.*

# Schusterjungen

(12 Stück)

**Zutaten**

- 350 g Roggenmehl (Type 1050)
- 150 g Weizenmehl (Type 550)
- 1 Pck. Trockenhefe
- 1 TL Zucker
- 1 TL Salz
- etwa 375 ml (3/8 l) lauwarmes Wasser

**Zubereitungszeit:**
etwa 100 Minuten

**Insgesamt:**
E: 63 g, F: 8 g, Kh: 354 g, kJ: 7724, kcal: 1845

*PREISWERT*

1 Roggenmehl mit Weizenmehl in eine Rührschüssel geben, mit Trockenhefe sorgfältig vermischen.

2 Zucker, Salz, Wasser hinzufügen. Alle Zutaten mit Handrührgerät mit Knethak[illegible]f niedrigster, dann auf höchster Stufe in etw[illegible]nuten zu einem glatten Teig verarbeiten.

3 Den Teig zugedeckt an einem warmen Ort so lange gehen lassen, bis er sich sichtbar vergrößert hat. Ihn mit Mehl bestäuben, aus der Schüssel nehmen, auf der Arbeitsfläche durchkneten, in 12 Stücke teilen.

4 Die Teigstücke zu Kugeln formen, auf ein gefettetes Backblech legen. Zugedeckt an einem warmen Ort nochmals so lange gehen lassen, bis sie sich sichtbar vergrößert haben.

5 Brötchen mit Wasser bestreichen und mit Mehl bestäuben. Das Backblech in den Backofen schieben.

**Ober-/Unterhitze:** etwa 200 °C (vorgeheizt)
**Heißluft:** etwa 180 °C (nicht vorgeheizt)
**Gas:** etwa Stufe 4 (vorgeheizt)
**Backzeit:** 20–25 Minuten

**Tip:** *Etwas Wasser auf das Backblech sprenkeln.*

# Quarkbrötchen

(10–12 Stück)

**Zutaten**

- 500 g Weizenmehl (Type 550)
- 1 Pck. Trockenhefe
- 1 TL Zucker
- 1/2 TL Salz
- 250 g Magerquark
- 50 g zerlassene, lauwarme Margarine
- etwa 200 ml lauwarmes Wasser
- 1 EL Milch
- Sonnenblumenkerne
- Sesamsamen
- Mohnsamen

**Zubereitungszeit:**
etwa 100 Minuten

**Insgesamt:**
E. 95 g, F: 62 g, Kh: 377 g, kJ: 10818, kcal: 2586

*FÜR KINDER*

1 Weizenmehl in eine Rührschüssel sieben, mit der Trockenhefe sorgfältig vermischen. Zucker, Salz, Quark (evtl. auf einem Sieb abtropfen lassen), Margarine und Wasser hinzufügen.

2 Die Zutaten mit Handrührgerät mit Knethaken zunächst auf niedrigster, dann auf höchster Stufe in etwa 5 Minuten zu einem glatten Teig verarbeiten. Den Teig zugedeckt an einem warmen Ort so lange gehen lassen, bis er sich sichtbar vergrößert hat.

3 Den Teig mit Mehl bestäuben, aus der Schüssel nehmen, auf der Arbeitsfläche durchkneten. Aus dem Teig 10–12 runde Brötchen formen, auf ein gefettetes Backblech legen.

4 Nochmals zugedeckt so lange an einem warmen Ort gehen lassen, bis sie sich sichtbar vergrößert haben.

5 Die Brötchen mit Milch bestreichen, nach Belieben mit Sonnenblumenkernen, Sesamsamen oder Mohnsamen bestreuen. Das Backblech in den Backofen schieben.

**Ober-/Unterhitze:** 180–200 °C (vorgeheizt)
**Heißluft:** etwa 160 °C (nicht vorgeheizt)
**Gas:** Stufe 3–4 (vorgeheizt)
**Backzeit:** 20–25 Minuten

# NEUJAHRSKRAPFEN

etwa 16 Stück · Zubereitungszeit: 40 Min. plus 2:30 Std. Geh- und Backzeit
pro Stück ca. 347 kcal, EW 5,4 g, F 10,6 g, KH 56,7 g*

## ZUTATEN:

Teig

100 g Butter

550 g Mehl

75 g Zucker

1 Prise Salz

250 ml Milch

40 g frische Hefe

3 Eigelb (Gr. M/L)

Öl zum Einpinseln der Form

Mehl für die Arbeitsfläche

Zusätzlich

1 l Rapsöl (zum Frittieren)

250 g Puderzucker

etwas Milch oder Wasser

essbaren Goldstaub/Glitzer

1 Glas Himbeermarmelade (oder je nach Geschmack)

## ZUBEREITUNG:

Butter schmelzen, abkühlen lassen. Mehl mit Zucker und Salz mischen, darin eine Mulde bilden. Milch warm, aber nicht heiß (!) erhitzen, Hefe hineinbröckeln und mit der Milch verrühren, bis sich die Hefe aufgelöst hat. Eigelbe und abgekühlte Butter in die Mehlmulde geben, dann die Hefemilch dazu gießen. Teig für ein paar Minuten mit den Händen gut verkneten (etwas klebrig). Eine große, saubere Schüssel mit etwas Öl einpinseln und den Teig zu einer groben Kugel geformt hineinsetzen, mit einem Küchentuch abdecken und an einem warmen Ort für 1,5 Stunden gehen lassen. Teig anschließend nochmals verkneten und für weitere 30 Minuten gehen lassen. Teig etwas verkneten und auf einer bemehlten Arbeitsplatte 1,5 cm dick ausrollen und Krapfen mit einem Glas ausstechen. Übrigen Teig verkneten, ausrollen und weitere Krapfen ausstechen – bis der ganze Teig aufgebraucht ist. Dann die Krapfen für weitere 15 Minuten nochmals gehen lassen. Krapfen immer erst von der warmen Stelle wegnehmen, wenn man sie tatsächlich ausbackt. Rapsöl in einen mittelgroßen Topf füllen und erhitzen, bis sich am Stiel eines Holzlöffels – wenn man ihn hineinhält – kleine Bläschen bilden. Jeweils 4 Krapfen gleichzeitig von beiden Seiten ausbacken und dann auf einem Kuchengitter abtropfen lassen. Puderzucker mit etwas Milch zu einem Guss verrühren und in eine kleine Schüssel füllen. Krapfen hineintunken und mit essbarem Goldstaub/Glitzer bestreuen. Marmelade gut verrühren, in eine Gebäckspritze mit Fülltülle geben und die Krapfen mithilfe dieser befüllen.

# Roggen- und Weizenbrötchen

(etwa 12 Stück)

**Zutaten**

- 250 g Roggenvollkornmehl
- 250 g Weizenvollkornmehl
- 1 Pck. Trockenhefe
- 1 TL Zucker
- 2 TL Salz
- 1 EL Speiseöl
- etwa 375 ml (3/8 l) lauwarmes Wasser
- 1 Eigelb
- 1 EL Wasser
- Mohnsamen
- Kümmelsamen
- Sesamsamen

**Zubereitungszeit:**
etwa 90 Minuten

**Insgesamt:**
E: 63 g, F: 34 g, Kh: 302 g, kJ: 7839, kcal: 1871

*EINFACH*

1 Beide Mehlsorten in eine Rührschüssel geben, mit Trockenhefe sorgfältig vermischen. Zucker, Salz, Öl und Wasser hinzufügen.

2 Die Zutaten mit Handrührgerät mit Knethaken zunächst auf niedrigster, dann auf höchster Stufe in etwa 5 Minuten zu einem glatten Teig verarbeiten.

3 Den Teig zugedeckt an einem warmen Ort so lange gehen lassen, bis er sich sichtbar vergrößert hat. Ihn mit Mehl bestäuben, aus der Schüssel nehmen, auf der Arbeitsfläche durchkneten.

4 Aus dem Teig etwa 12 runde Brötchen formen, auf ein mit Backpapier belegtes Backblech legen, zugedeckt nochmals an einem warmen Ort so lange gehen lassen, bis sie sich sichtbar vergrößert haben.

5 Die obere Seite der Brötchen kreuzweise etwa 1 cm tief einschneiden (nicht drücken!). Eigelb mit Wasser verschlagen, die Brötchen damit bestreichen, mit Mohn, Kümmel oder Sesam bestreuen.

6 Das Backblech in den Backofen schieben.

**Ober-/Unterhitze:** 180–200 °C (vorgeheizt)
**Heißluft:** 150–180 °C (nicht vorgeheizt)
**Gas:** Stufe 3–4 (vorgeheizt)
**Backzeit:** 20–30 Minuten

# Brötchenkranz

(10 Stück)

**Zutaten**

**250 g Roggenmehl (Type 1150)**
**250 g Weizenmehl (Type 1050)**
**2 gestr. TL Salz**
**1 Pck. Trockenhefe**
**1 Pck. (15 g) Sauerteig-Extrakt**
**375 ml (3/8 l) lauwarmes Wasser**
**100 g lauwarmer Sirup**
**kernige Haferflocken**
**Sesamsamen**
**Leinsamen**
**gehobelte Haselnußkerne**

**Zubereitungszeit:**
etwa 100 Minuten

**Insgesamt:**
E: 62 g, F: 16 g, Kh: 424 g, kJ: 9172, kcal: 2190

*FÜR GÄSTE*

1 Roggenmehl, Weizenmehl, Salz, Trockenhefe und Sauerteig-Extrakt in einer Schüssel gut vermischen.

2 Wasser und Sirup hinzufügen und mit Handrührgerät mit Knethaken zunächst auf niedrigster, dann auf höchster Stufe in etwa 5 Minuten zu einem glatten Teig verarbeiten. Ihn zugedeckt an einem warmen Ort so lange gehen lassen, bis er sich sichtbar vergrößert hat.

3 Den Teig mit Weizenmehl bestäuben, aus der Schüssel nehmen und auf der Arbeitsfläche durchkneten. Aus dem Teig 10 runde Brötchen formen und als Kranz auf ein mit Backpapier belegtes Backblech legen.

4 Jedes Brötchen kreuzweise einschneiden, mit Wasser bestreichen, die Brötchen nach Belieben mit Haferflocken, Sesamsamen, Leinsamen oder Haselnußkernen bestreuen.

5 Brötchenkranz nochmals zugedeckt an einem warmen Ort gehen lassen, bis er sich sichtbar vergrößert hat. Das Backblech in den Backofen schieben.

**Ober-/Unterhitze:** etwa 180 °C (vorgeheizt)
**Heißluft:** etwa 160 °C (nicht vorgeheizt)
**Gas:** Stufe 3–4 (vorgeheizt)
**Backzeit:** etwa 30 Minuten

**Tip:** *Einfacher geht es, wenn Sie eine Backmischung Krustenbrot (für ein Brot von 750 g) nehmen. Den Teig nach Anleitung auf der Packung zubereiten, wie im Rezept beschrieben weiterverarbeiten, den Teig zu einem Brötchenkranz formen und backen.*

# Soja-Quark-Brötchen

(16 Stück)

**1** Weizen fein mahlen, mit Sojamehl in eine Rührschüssel geben, mit Trockenhefe sorgfältig vermischen. Quark, Honig, Sojaöl, Salz und Milch hinzufügen.

**2** Alle Zutaten mit Handrührgerät mit Knethaken zuerst auf niedrigster, dann auf höchster Stufe in etwa 5 Minuten zu einem glatten Teig verarbeiten. Kurz vor Beendigung der Knetzeit Sesamsamen und Haselnußkerne unterarbeiten.

**3** Den Teig zugedeckt an einem warmen Ort so lange gehen lassen, bis er sich sichtbar vergrößert hat. Ihn mit Mehl bestäuben, aus der Schüssel nehmen, auf der Arbeitsfläche durchkneten, zu einer Rolle formen, in 16 Stücke schneiden.

**4** Die Teigstücke rund formen, mit der Oberfläche zuerst in Milch, dann in ein Gemisch aus Sesam und Haselnußkernen drücken.

**5** Brötchen auf ein gefettetes Backblech legen, zugedeckt an einem warmen Ort nochmals so lange gehen lassen, bis sie sich sichtbar vergrößert haben.

**6** Das Backblech in den Backofen schieben.

**Ober-/Unterhitze:** 200–220 °C (vorgeheizt)
**Heißluft:** etwa 180 °C (nicht vorgeheizt)
**Gas:** Stufe 3–4 (vorgeheizt)
**Backzeit:** etwa 25 Minuten

## Zutaten

**300 g Weizenkörner**
**125 g Sojamehl**
**1 Pck. Trockenhefe**
**250 g Magerquark**
**2 EL Honig**
**2 EL Sojaöl**
**1/2 TL Salz**
**250 ml (1/4 l) lauwarme Milch**
**1 geh. EL Sesamsamen**
**25 g gehobelte Haselnußkerne**
**Milch**
**1 1/2–2 EL Sesamsamen**
**etwa 20 g gehobelte Haselnußkerne**

**Zubereitungszeit:**
etwa 100 Minuten

**Insgesamt:**
E: 160 g, F: 87 g, Kh: 244 g, kJ: 10439, kcal: 2493

*EINFACH*

# Brandteigbrötchen

(10–12 Stück)

**Zutaten**

**250 ml (1/4 l ) Wasser**
**50 g Butter**
**1/2 TL Salz**
**frisch gemahlener Pfeffer**
**geriebene Muskatnuß**
**125 g Weizenvollkornmehl**
**3 Eier**
**1/2 TL Backpulver**

**Zubereitungszeit:**
etwa 60 Minuten

**Insgesamt:**
E: 37 g, F: 63 g, Kh: 94 g,
kJ: 4812, kcal: 1150

*SCHNELL*

1 Wasser mit Butter, Salz, Pfeffer und Muskat am besten in einem Stieltopf zum Kochen bringen.

2 Weizenvollkornmehl auf einmal in die von der Kochstelle genommene Flüssigkeit schütten, zu einem glatten Kloß rühren, unter Rühren etwa 1 Minute erhitzen, den heißen Kloß sofort in eine Rührschüssel geben.

3 Nach und nach Eier mit Handrührgerät mit Knethaken auf höchster Stufe unterarbeiten, weitere Eizugabe erübrigt sich, wenn der Teig stark glänzt und so von einem Löffel abreißt, daß lange Spitzen hängenbleiben.

4 Backpulver in den erkalteten Teig arbeiten, mit 2 Eßlöffeln 10–12 Teighäufchen auf ein gefettetes, mit Weizenmehl bestäubtes Blech geben. Das Backblech in den Backofen schieben.

**Ober-/Unterhitze:** 200–220 °C (vorgeheizt)
**Heißluft:** 170–180 °C (nicht vorgeheizt)
**Gas:** Stufe 4–5 (vorgeheizt)
**Backzeit:** 30–40 Minuten

**Tip:** *Brandteigbrötchen können gut eingefroren werden. Die Brötchen können nach dem Auskühlen aufgeschnitten und mit Frischkäse gefüllt werden.*

**Abwandlung:** *Nach diesem Rezept lassen sich auch Käsebrötchen zubereiten, dafür vor dem Backen noch 100 g feingewürfelten Hartkäse unter den Teig arbeiten.*

# Kräuterbrötchen

(etwa 12 Stück)

**Zutaten**

250 g Weizenmehl (Type 550)
250 g Weizenmehl (Type 1050)
1 Pck. Trockenhefe
1 TL Zucker
knapp 2 TL Salz
frisch gemahlener Pfeffer
3 EL Speiseöl
250 ml (1/4 l) lauwarmes Wasser
2 EL gehackte Petersilie
2 EL fein geschnittener Schnittlauch
1 EL gehackter Dill
1 Eigelb
1 EL Wasser

**Zubereitungszeit:**
etwa 80 Minuten

**Insgesamt:**
E: 63 g, F: 49 g, Kh: 358 g, kJ: 9406, kcal: 2247

*EINFACH*

1 Weizenmehl in eine Rührschüssel geben, mit der Trockenhefe sorgfältig vermischen. Zucker, Salz, Pfeffer, Speiseöl und Wasser hinzufügen.

2 Die Zutaten mit Handrührgerät mit Knethaken zunächst auf niedrigster, dann auf höchster Stufe in etwa 5 Minuten zu einem glatten Teig verarbeiten. Gegen Ende der Knetzeit Petersilie, Schnittlauch und Dill unterkneten.

3 Den Teig zugedeckt an einem warmen Ort so lange gehen lassen, bis er sich sichtbar vergrößert hat.

4 Teig mit Mehl bestäuben, aus der Schüssel nehmen und auf der Arbeitsfläche durchkneten. Aus dem Teig etwa 12 runde Brötchen formen.

5 Auf ein mit Backpapier belegtes Backblech legen und zugedeckt an einem warmen Ort nochmals gehen lassen.

6 Die obere Seite der Brötchen kreuzweise etwa 1 cm tief einschneiden (nicht drücken). Das Eigelb mit dem Wasser verschlagen, die Brötchen damit bestreichen und in den Backofen schieben.

**Ober-/Unterhitze:** 180–200 °C (vorgeheizt)
**Heißluft:** 160–180 °C (nicht vorgeheizt)
**Gas:** Stufe 3–4 (vorgeheizt)
**Backzeit:** etwa 25 Minuten

# Mohn- und Sesamhörnchen

(12–14 Stück)

**Zutaten**

**500 g Weizenmehl**
**(Type 550 oder 1050 oder gemischt)**
**1 Pck. Trockenhefe**
**50–60 g Zucker**
**1 gestr. TL Salz**
**abgeriebene Schale von ½ Zitrone (unbehandelt)**
**1 Ei**
**1 Eiweiß**
**60 g weiche Butter**
**etwa 200 ml lauwarme Milch**
**1 Eigelb**
**1 EL Milch**
**Mohnsamen**
**Sesamsamen**

**Zubereitungszeit:**
etwa 90 Minuten

**Insgesamt:**
E: 86 g, F: 87 g, Kh: 418 g, kJ: 12290, kcal: 2936

*FÜR KINDER*

1 Weizenmehl in eine Rührschüssel geben, mit der Trockenhefe sorgfältig vermischen. Zucker, Salz, Zitronenschale, Ei, Eiweiß, Butter und Milch hinzufügen.

2 Alle Zutaten mit Handrührgerät mit Knethaken zuerst auf niedrigster, dann auf höchster Stufe in etwa 5 Minuten zu einem glatten Teig verarbeiten.

3 Den Teig zugedeckt an einem warmen Ort so lange gehen lassen, bis er sich sichtbar vergrößert hat. Ihn leicht mit Mehl bestäuben, aus der Schüssel nehmen, auf der Arbeitsfläche durchkneten und zu einer Rolle formen.

4 Die Teigrolle in 12–14 Stücke schneiden und die Teigstücke zu etwa 18 cm langen Rollen formen, dabei die Rollenenden etwas dünner formen.

5 Eigelb mit Milch verschlagen und die Oberfläche der Teigrollen damit bestreichen. Die Hälfte der Teigrollen mit Mohn und die andere Hälfte mit Sesam bestreuen.

6 Die Teigrollen in Form von Hörnchen auf ein gut gefettetes Backblech legen und zugedeckt an einem warmen Ort nochmals so lange gehen lassen, bis sie sich sichtbar vergrößert haben.

7 Das Backblech in den Backofen schieben.

**Ober-/Unterhitze:** 180–200 °C (vorgeheizt)
**Heißluft:** etwa 160 °C (nicht vorgeheizt)
**Gas:** Stufe 3–4 (vorgeheizt)
**Backzeit:** etwa 20 Minuten

# Laugenbrezeln

(10 Stück)

**Zutaten**

**1 l Wasser**
**30 g Natron (kein Soda oder Ätznatron verwenden!)**

**375 g Weizenmehl (Type 405)**
**1 Würfel (42 g) Frischhefe**
**1 TL Zucker**
**250 ml (1/4 l) lauwarmes Wasser**
**1 TL Salz**
**Hagelsalz**
**Kümmelsamen**
**geriebener Gouda**

**Zubereitungszeit:**
etwa 90 Minuten

**Insgesamt:**
E: 50 g, F: 11 g, Kh: 276 g, kJ: 6204, kcal: 1483

*KLASSISCH*

1 Für die Lauge Wasser in einem hohen Topf aufkochen, den Topf von der Kochstelle nehmen und Natron langsam einrühren (die Lauge sprudelt). Lauge abkühlen lassen.

2 Für den Teig Mehl in eine Rührschüssel sieben. In die Mitte eine Vertiefung drücken. Hefe hineinbröckeln, Zucker und etwas von dem Wasser hinzufügen. Mit einer Gabel vorsichtig verrühren und den Vorteig etwa 10 Minuten gehen lassen.

3 Restliches Wasser und Salz hinzugeben und mit Handrührgerät mit Knethaken zunächst auf niedrigster, dann auf höchster Stufe in etwa 5 Minuten zu einem glatten Teig verarbeiten. Den Teig zugedeckt so lange an einem warmen Ort gehen lassen, bis er sich sichtbar vergrößert hat.

4 Den Teig auf einer mit Mehl bestäubten Arbeitsfläche durchkneten und in 10 Stücke teilen. Teigstücke zu 40 cm langen Rollen formen und zu Brezeln schlingen.

5 Die Brezeln mit Hilfe einer Teigkarte auf eine Schaumkelle legen, 10 Sekunden in die Lauge tauchen. Die Schaumkelle dabei schwenken, damit das Teigstück schwimmt.

6 Die Brezeln auf der Schaumkelle abtropfen lassen, auf ein mit Backpapier belegtes Backblech legen und nach Belieben mit Salz, Kümmel oder Käse bestreuen.

**Ober-/Unterhitze:** etwa 200 °C (vorgeheizt)
**Heißluft:** etwa 180 °C (nicht vorgeheizt)
**Gas:** Stufe 4–5 (vorgeheizt)
**Backzeit:** 15–20 Minuten

**Tip:** *Der Laugenteig kann auch zu Stangen (Teigstücke dann zu 12–15 cm langen Rollen formen), Ringen (wie Stangen, dann an den Enden zusammendrücken) oder Brötchen (Teigstücke zu Bällchen formen) weiterverarbeitet werden. Laugenbrötchen vor dem Backen mit einem scharfem Messer 1 cm tief einschneiden.*

# Olivenbrötchen

(etwa 10 Stück)

**Zutaten**

**500 g Weizenmehl (Type 1050)**
**1 Pck. Trockenhefe**
**1 TL Zucker**
**1 TL Salz**
**375 ml ($^3/_8$ l) lauwarmes Wasser**
**100 g schwarze Oliven (trocken-konserviert)**
**100 g Walnußkerne**

**Zubereitungszeit:**
etwa 80 Minuten

**Insgesamt:**
E: 80 g, F: 85 g, Kh: 361 g, kJ: 11192, kcal: 2672

*FÜR GÄSTE*

1 Weizenmehl in eine Rührschüssel geben, mit Trockenhefe sorgfältig vermischen. Zucker, Salz und Wasser hinzufügen.

2 Die Zutaten mit Handrührgerät mit Knethaken zunächst auf niedrigster, dann auf höchster Stufe in etwa 5 Minuten zu einem glatten Teig verarbeiten. Den Teig zugedeckt an einem warmen Ort so lange gehen lassen, bis er sich sichtbar vergrößert hat.

3 Oliven entkernen, vierteln. Walnußkerne grob hacken.

4 Den Teig mit Mehl bestäuben, aus der Schüssel nehmen, auf der Arbeitsfläche durchkneten, dabei die Olivenviertel und Walnußkerne unterkneten.

5 Den Teig zu einer Rolle formen, in 10 Stücke schneiden, jedes Teigstück zu einem ovalen Brötchen formen und auf ein gefettetes Backblech legen.

6 Zugedeckt an einem warmen Ort nochmals so lange gehen lassen, bis die Brötchen sich sichtbar vergrößert haben.

7 Brötchen mit Wasser bestreichen. Das Backblech in den Backofen schieben.

**Ober-/Unterhitze:** etwa 200 °C (vorgeheizt)
**Heißluft:** etwa 180 °C (nicht vorgeheizt)
**Gas:** Stufe 3–4 (vorgeheizt)
**Backzeit:** 30–35 Minuten

# Schwedische Buchweizenbrötchen

(18–20 Stück)

**1** Buchweizen, Leinsamen und Sultaninen mit kochendem Wasser übergießen, durchrühren, zugedeckt über Nacht quellen lassen.

**2** Weizen fein bis mittelfein mahlen, in eine Rührschüssel geben. Sojamehl hinzufügen, mit Trockenhefe sorgfältig vermischen. Zucker, Salz und Wasser sowie den Buchweizen-Leinsamen-Sultaninen-Brei hinzufügen. Alle Zutaten mit Handrührgerät mit Knethaken zuerst auf niedrigster, dann auf höchster Stufe in etwa 5 Minuten zu einem glatten Teig verarbeiten.

**3** Den Teig zugedeckt an einem warmen Ort so lange gehen lassen, bis er sich sichtbar vergrößert hat. Ihn mit Mehl bestäuben, aus der Schüssel nehmen, auf der Arbeitsfläche durchkneten und zu einer Rolle formen. Die Teigrolle in 18–20 Stücke schneiden, aus den Teigstücken runde Brötchen formen.

**4** Die Brötchen auf ein gut gefettetes Backblech legen, zugedeckt an einem warmen Ort nochmals so lange gehen lassen, bis sie sich sichtbar vergrößert haben.

**5** Die Brötchen mit Wasser bestreichen und das Backblech in den Backofen schieben.

**Ober-/Unterhitze:** 200–220 °C (vorgeheizt)
**Heißluft:** etwa 180 °C (nicht vorgeheizt)
**Gas:** etwa Stufe 4 (vorgeheizt)
**Backzeit:** etwa 30 Minuten

**Tip:** *Während des Backens eine Schale mit heißem Wasser auf den Boden des Backofens stellen.*
*Die schwedischen Buchweizenbrötchen bleiben mehrere Tage frisch.*

**Zutaten**

- 125 g geschälter Buchweizen (ganz)
- 75 g Leinsamen
- 50 g Sultaninen
- 400 ml kochendes Wasser
- 325 g Weizenkörner
- 100 g Sojamehl
- 1 Pck. Trockenhefe
- 1 TL Zucker
- $^1/_2$ TL Salz
- etwa 125 ml ($^1/_8$ l) lauwarmes Wasser

**Zubereitungszeit:**
etwa 2 Stunden, ohne Quellzeit

**Insgesamt:**
E: 125 g, F: 33 g, Kh: 349 g,
kJ: 9617, kcal: 2299

*DAUERT LÄNGER*

# Müslistangen

(15 Stück)

**Zutaten**

150 g Früchtemüsli (ohne Zuckerzusatz)
300 ml kochendheiße Milch
400 g Weizenkörner
1 TL Korianderkörner
1 Pck. Trockenhefe
1 gestr. TL Meersalz
2 TL flüssiger Honig
200 g Magerquark
40 g weiche Butter
2–3 EL Milch
etwa 30 g gehobelte Haselnußkerne

**Zubereitungszeit:**
etwa 2 1/2 Stunden

**Insgesamt:**
E: 112 g, F: 90 g, Kh: 369 g, kJ: 12069, kcal: 2883

*FÜR KINDER*

1 Müsli mit Milch übergießen, etwa 30 Minuten quellen lassen.

2 Weizenkörner mit Korianderkörnern fein mahlen, in eine Rührschüssel geben, mit Trockenhefe sorgfältig vermischen. Meersalz, Honig, Quark, Butter und den Müslibrei hinzufügen.

3 Alle Zutaten mit Handrührgerät mit Knethaken zuerst auf niedrigster, dann auf höchster Stufe in etwa 5 Minuten zu einem glatten Teig verarbeiten, evtl. noch Milch hinzufügen.

4 Den Teig zugedeckt an einem warmen Ort so lange gehen lassen, bis er sich sichtbar vergrößert hat. Ihn leicht mit Mehl bestäuben, aus der Schüssel nehmen, auf der Arbeitsfläche durchkneten. Teig zu einer Rolle formen, in etwa 15 Stücke schneiden.

5 Die Teigstücke zu etwa 15 cm langen Stangen formen, mit Milch bestreichen, mit Haselnußkernen bestreuen. Stangen auf ein gut gefettetes Backblech legen, zugedeckt an einem warmen Ort nochmals so lange gehen lassen, bis die Stangen sich sichtbar vergrößert haben.

6 Das Backblech in den Backofen schieben.

**Ober-/Unterhitze:** etwa 200 °C (vorgeheizt)
**Heißluft:** etwa 180 °C (nicht vorgeheizt)
**Gas:** Stufe 3–4 (vorgeheizt)
**Backzeit:** 25–30 Minuten

# Hausgemachtes Knäckebrot

(16–18 Stück)

**Zutaten**

**350 g Weizenmehl (Type 1050)**
**100 g Weizenschrot**
**3 gestr. TL Meersalz**
**40 g Butterflöckchen**
**250 ml (1/4 l) kochendes Wasser**
**Kürbiskerne, Sonnenblumenkerne, Sesamsamen, Mohnsamen, Leinsamen, Kümmelsamen**

**Zubereitungszeit:**
etwa 45 Minuten, ohne Abkühlzeit

**Insgesamt:**
E: 55 g, F: 41 g, Kh: 299 g, kJ: 7893, kcal: 1885

GUT VORZUBEREITEN

1 Weizenmehl, Weizenschrot und Salz in eine Rührschüssel geben. Butterflöckchen hinzufügen.

2 Nach und nach das Wasser hinzufügen und mit Handrührgerät mit Knethaken die Zutaten verkneten, bis ein fester Teig entsteht. Den Teig zugedeckt im Kühlschrank abkühlen lassen.

3 Anschließend kräftig durchkneten. Den Teig in 16–18 Stücke teilen. Jedes Teil dünn ausrollen, auf ein gefettetes Backblech legen.

4 Brotscheiben mit wenig Wasser bestreichen und nach Belieben mit Kernen und Samen bestreuen. Das Backblech in den Backofen schieben.

**Ober-/Unterhitze:** 150–180 °C (vorgeheizt)
**Heißluft:** 140–150 °C (nicht vorgeheizt)
**Gas:** Stufe 1–2 (vorgeheizt)
**Backzeit:** etwa 15 Minuten

**Tip:** *Das Knäckebrot muß nur trocknen und sollte nicht braun werden.*

# Kokosbrötchen

(18–20 Stück)

**Zutaten**

400 g Weizenmehl (Type 550)
100 g Sojamehl
1 Pck. Trockenhefe
250 g Magerquark
50 g Zucker
1 Ei
abgeriebene Schale von 1 Zitrone (unbehandelt)
125 g weiche Butter
etwa 100 ml lauwarme Milch
175 g ohne Fett geröstete Kokosraspel
100 g Rosinen
Milch
Kokosraspel

**Zubereitungszeit:**
etwa 100 Minuten

**Insgesamt:**
E: 155 g, F: 228 g, Kh: 435 g, kJ: 19041, kcal: 4550

*FÜR KINDER*

1 Weizenmehl in eine Schüssel sieben, Sojamehl hinzufügen, mit Trockenhefe sorgfältig vermischen. Quark, Zucker, Ei, Zitronenschale, Butter und Milch hinzufügen.

2 Alle Zutaten mit Handrührgerät mit Knethaken zuerst auf niedrigster, dann auf höchster Stufe in etwa 5 Minuten zu einem glatten Teig verarbeiten.

3 Kurz vor Beendigung der Knetzeit Kokosraspel und Rosinen unterarbeiten. Den Teig zugedeckt an einem warmen Ort so lange gehen lassen, bis er sich sichtbar vergrößert hat. Ihn dann mit Mehl bestäuben, aus der Schüssel nehmen, auf der Arbeitsfläche durchkneten, in 18–20 Stücke schneiden.

4 Jedes Teigstück rund formen, auf ein gefettetes Backblech legen, mit Milch bestreichen, mit Kokosraspeln bestreuen.

5 Zugedeckt an einem warmen Ort nochmals so lange gehen lassen, bis sie sich sichtbar vergrößert haben. Backblech in den Backofen schieben.

**Ober-/Unterhitze:** etwa 200 °C (vorgeheizt)
**Heißluft:** etwa 170 °C (nicht vorgeheizt)
**Gas:** Stufe 3–4 (vorgeheizt)
**Backzeit:** etwa 30 Minuten

# Nuß- und Marzipanhörnchen

(etwa 12 Stück)

**Zutaten**

**500 g Weizenmehl (Type 405)**
**1 Würfel (42 g) Frischhefe**
**30 g Zucker**
**250 ml (1/4 l) kalte Milch**
**1 Prise Salz**
**2 Eier**
**25 g kalte Butter**
**250 g kalte Butter in Scheiben**

**je 40 g gehackte Haselnuß-, Walnuß- und Mandelkerne**
**100 g getrocknete, feingehackte Aprikosen**
**1 Eiweiß**

**75 g Marzipan-Rohmasse**
**1 Eiweiß**
**25 g Schokoladenstreusel**

**3 TL Schlagsahne**
**1–2 EL Hagelzucker**

**Zubereitungszeit:**
etwa 3 Stunden

**Insgesamt:**
E: 124 g, F: 344 g, Kh: 552 g, kJ: 25404, kcal: 6068

*DAUERT LÄNGER*

1 Mehl in eine Schüssel sieben. Eine Vertiefung in die Mitte drücken, Hefe hineinbröckeln, mit etwas von dem Zucker und etwas von der erwärmten Milch vermischen. Zugedeckt gehen lassen. Salz, Eier, restlichen Zucker, 25 g Butter und restliche Milch hinzufügen. Mit Handrührgerät mit Knethaken zunächst auf niedrigster, dann auf höchster Stufe in etwa 5 Minuten zu einem glatten Teig verarbeiten.

2 Teig zugedeckt so lange gehen lassen, bis er sich sichtbar vergrößert hat. Teig zu einem Rechteck von 20 x 35 cm ausrollen. Die Hälfte des Teiges mit den kalten Butterscheiben belegen. Die nicht belegte Teighälfte darüberklappen und leicht mit einer Teigrolle andrücken. Teig zu einer Platte von 30 x 40 cm ausrollen. Von der schmalen Seite her zweimal übereinanderschlagen, damit 3 Schichten entstehen und 15 Minuten in den Kühlschrank legen. Diesen Vorgang noch 2–3mal wiederholen. Teig dazu zur offenen Seite ausrollen. Teig zwischendurch immer 15 Minuten ruhen lassen.

3 Teig zu einem Rechteck von 50 x 40 cm ausrollen, Teigrechteck der Länge nach halbieren, so daß 2 Teigstreifen von 50 x 20 cm entstehen. Jeden Teigstreifen mit Hilfe eines Lineals und Messers in 6 Dreiecke schneiden.

4 Nüsse mit Aprikosen und Eiweiß verkneten. Marzipan mit Eiweiß verkneten. Füllungen jeweils auf 6 Dreiecke verstreichen, Marzipanfüllung mit Schokoladenstreusel bestreuen. Dreiecke von der breiten Seite her aufrollen und die Seiten etwas nach innen biegen.

5 Teighörnchen in größerem Abstand voneinander auf ein gefettetes Backblech legen und zugedeckt nochmals gehen lassen, bis sie sich sichtbar vergrößert haben. Hörnchen mit Sahne bestreichen, mit Hagelzucker bestreuen.

**Ober-/Unterhitze:** etwa 200 °C (vorgeheizt)
**Heißluft:** etwa 180 °C (nicht vorgeheizt)
**Gas:** Stufe 3–4 (vorgeheizt)
**Backzeit:** 15–20 Minuten

# Heißwecken

(15–16 Stück)

**Zutaten**

500 g Weizenmehl (Type 405)
1 Pck. Trockenhefe
50 g Zucker
250 ml (1/4 l) lauwarme Milch
125 g zerlassene, abgekühlte Butter
2 Eier
1/2 TL Salz
abgeriebene Schale von 1 Zitrone (unbehandelt)
1/2 TL Kardamom
200 g Rosinen

**Zubereitungszeit:**
etwa 75 Minuten

**Insgesamt:**
E: 84 g, F: 131 g, Kh: 559 g, kJ: 16442, kcal: 3928

*KLASSISCH*

1 Weizenmehl in eine Rührschüssel sieben und mit Trockenhefe sorgfältig vermischen. Zucker, Milch, Butter, Eier, Salz, Zitronenschale und Kardamom hinzufügen.

2 Die Zutaten mit Handrührgerät mit Knethaken zunächst auf niedrigster, dann auf höchster Stufe in etwa 5 Minuten zu einem glatten Teig verarbeiten. Kurz vor Beendigung der Knetzeit Rosinen unterarbeiten. Den Teig zugedeckt an einem warmen Ort so lange gehen lassen, bis er sich sichtbar vergrößert hat.

3 Ihn mit Mehl bestäuben, aus der Schüssel nehmen und auf der Arbeitsfläche durchkneten. Teig zu einer Rolle formen, in 15–16 Stücke teilen und zu Brötchen formen. Diese mit genügend Abstand auf ein gefettetes Backblech setzen.

4 Zugedeckt nochmals an einem warmen Ort so lange gehen lassen, bis sich die Brötchen sichtbar vergrößert haben. Das Backblech in den Backofen schieben.

**Ober-/Unterhitze:** etwa 200 °C (vorgeheizt)
**Heißluft:** etwa 180 °C (nicht vorgeheizt)
**Gas:** etwa Stufe 3 (vorgeheizt)
**Backzeit:** etwa 15 Minuten

**Tip:** *Am besten schmecken die Heißwecken, wenn man sie noch warm mit Butter bestrichen serviert.*
*Die Heißwecken lassen sich gut einfrieren. Sie erkalten lassen, einfrieren und später aufgetaut kurz im heißen Backofen aufbacken.*

# Rosinen-Kartoffel-Brötchen

(etwa 14 Stück)

**Zutaten**

- 150 g Kartoffeln
- 500 g Weizenmehl (Type 405)
- 1 Pck. Trockenhefe
- 50 g Zucker
- 1/2 TL Salz
- 125 g weiche Butter
- etwa 200 ml lauwarme Milch
- 100 g Rosinen oder Sultaninen
- 1 Eigelb
- 1 EL Milch

**Zubereitungszeit:**
etwa 90 Minuten

**Insgesamt:**
E: 72 g, F: 122 g, Kh: 514 g, kJ: 15051, kcal: 3595

*FÜR KINDER*

1 Kartoffeln waschen, schälen, abspülen, in etwa 25 Minuten gar kochen, noch heiß durch eine Kartoffelpresse drücken, abkühlen lassen.

2 Mehl in eine Rührschüssel sieben, mit Trockenhefe sorgfältig vermischen. Zucker, Salz, Butter, Milch und Kartoffeln hinzufügen.

3 Alle Zutaten mit Handrührgerät mit Knethaken zuerst auf niedrigster, dann auf höchster Stufe in etwa 5 Minuten zu einem glatten Teig verarbeiten. Kurz vor Beendigung der Knetzeit Rosinen oder Sultaninen unterarbeiten.

4 Den Teig zugedeckt an einem warmen Ort so lange gehen lassen, bis er sich sichtbar vergrößert hat. Ihn dann mit Mehl bestäuben, aus der Schüssel nehmen, auf der Arbeitsfläche durchkneten, zu einer Rolle formen und in 14 Stücke schneiden.

5 Die Teigstücke rund formen, auf ein gefettetes Backblech legen und zugedeckt an einem warmen Ort nochmals so lange gehen lassen, bis sie sich sichtbar vergrößert haben.

6 Eigelb mit Milch verschlagen. Die Teigstücke mit Eigelbmilch bestreichen. Das Backblech in den Backofen schieben.

**Ober-/Unterhitze:** etwa 180 °C (vorgeheizt)
**Heißluft:** etwa 160 °C (nicht vorgeheizt)
**Gas:** etwa Stufe 3 (vorgeheizt)
**Backzeit:** 25–30 Minuten

# Mandelknoten

1 Weizenmehl in eine Rührschüssel sieben, mit Trockenhefe sorgfältig vermischen. Zucker, Salz, Eier, Butter und Milch hinzufügen.

2 Zutaten mit Handrührgerät mit Knethaken zuerst auf niedrigster, dann auf höchster Stufe in etwa 5 Minuten zu einem glatten Teig verarbeiten. Kurz vor Beendigung der Knetzeit die gemahlenen und gehackten Mandeln unterarbeiten.

3 Den Teig zugedeckt an einem warmen Ort so lange gehen lassen, bis er sich sichtbar vergrößert hat. Ihn dann mit Mehl bestäuben, aus der Schüssel nehmen, auf der Arbeitsfläche durchkneten, zu einer Rolle von 60–70 cm Länge formen.

4 Die Rolle zu einem Knoten schlingen, die Enden unter den Teig legen. Zugedeckt an einem warmen Ort nochmals so lange gehen lassen, bis der Mandelknoten sich sichtbar vergrößert hat.

5 Mandelknoten mit Milch bestreichen, mit Mandeln bestreuen. Das Backblech in den Backofen schieben.

**Ober-/Unterhitze:** etwa 200 °C (vorgeheizt)
**Heißluft:** etwa 170 °C (nicht vorgeheizt)
**Gas:** Stufe 3–4 (vorgeheizt)
**Backzeit:** 35–40 Minuten

**Tip:** *Einfacher geht es, wenn Sie eine Backmischung Sonntagsstuten (für ein Brot von 700 g) nehmen. Den Teig nach Anleitung auf der Packung zubereiten. Zum Ende der Knetzeit die Mandeln unterarbeiten, weiter wie im Rezept beschrieben, vorgehen.*

**Zutaten**

**500 g Weizenmehl (Type 550)**
**1 Pck. Trockenhefe**
**50 g Zucker**
**1/2 TL Salz**
**2 Eier**
**100 g weiche Butter**
**etwa 250 ml (1/4 l) lauwarme Milch**
**100 g abgezogene, gemahlene Mandeln**
**100 g abgezogene, gehackte Mandeln**
**Milch**
**abgezogene, gehobelte Mandeln**

**Zubereitungszeit:**
etwa 2 Stunden

**Insgesamt:**
E: 126 g, F: 233 g, Kh: 437 g, kJ: 19418, kcal: 4640

*FÜR GÄSTE*

# Zwieback

(45–50 Scheiben)

**Zutaten**

500 g Weizenmehl
(Type 405 oder 550)
1 Pck. Trockenhefe
1/2 TL Salz
50 g Zucker
250 ml (1/4 l) Milch
1 Ei
75 g zerlassene, abgekühlte Butter oder Margarine

**Zubereitungszeit:**
etwa 100 Minuten, ohne Abkühlzeit

**Insgesamt:**
E: 72 g, F: 82 g, Kh: 419 g, kJ: 11864, kcal: 2834

*DAUERT LÄNGER*

1 Weizenmehl in eine Rührschüssel sieben, mit der Trockenhefe sorgfältig vermischen. Salz, Zucker, Milch, Ei und Fett hinzufügen.

2 Die Zutaten mit Handrührgerät mit Knethaken zunächst auf niedrigster, dann auf höchster Stufe in etwa 5 Minuten zu einem glatten Teig verarbeiten.

3 Den Teig zugedeckt an einem warmen Ort gehen lassen, bis er sich sichtbar vergrößert hat. Den Teig nochmals durchkneten, in zwei mit Backpapier ausgelegte Kastenformen (25 x 11 cm) oder eine große Kastenform geben und nochmals 15–20 Minuten gehen lassen. Die Formen auf dem Rost in den Backofen schieben.

**Ober-/Unterhitze:** 180–200 °C (vorgeheizt)
**Heißluft:** 160–180 °C (nicht vorgeheizt)
**Gas:** etwa Stufe 3 (vorgeheizt)
**Backzeit:** 15–20 Minuten

4 Die fertigen Brote aus den Formen stürzen und gut auskühlen lassen (am besten über Nacht). Brote mit einem Sägemesser in etwa 1 cm dicke Scheiben schneiden und auf einem Backblech im Backofen von beiden Seiten hellbraun rösten.

**Ober-/Unterhitze:** 180–200 °C (vorgeheizt)
**Heißluft:** 160–180 °C (nicht vorgeheizt)
**Gas:** etwa Stufe 3 (vorgeheizt)
**Backzeit:** jede Seite etwa 10 Minuten

**Tip:** *Die Hälfte Zwieback zu Makronenzwieback weiterverarbeiten. Dafür 2–3 Eiweiß steif schlagen, 125 g feinsten Zucker einrieseln lassen, dann 125 g Kokosflocken unterheben. Die Masse auf die fertigen Zwiebackscheiben streichen. Diese Zwiebackscheiben für etwa 5 Minuten bei gleicher Temperatur im Backofen überbacken, bis sie leicht braun sind.*

# Hefezopf

**Zutaten**

**500 g Weizenmehl (Type 405)**
**1 Pck. Trockenhefe**
**50 g Zucker**
**1 Pck. Vanillin-Zucker**
**1 Prise Salz**
**2 Eier**
**1 Eiweiß**
**250 ml (1/4 l) lauwarme Schlagsahne**
**1 Eigelb**
**1 EL Milch**

**Zubereitungszeit:**
etwa 90 Minuten

**Insgesamt:**
E: 85 g, F: 103 g, Kh: 436 g, kJ: 13224, kcal: 3161

*KLASSISCH*

1 Weizenmehl in eine Rührschüssel sieben, mit Trockenhefe sorgfältig vermischen. Zucker, Vanillin-Zucker, Salz, Eier, Eiweiß und Sahne hinzufügen.

2 Die Zutaten mit Handrührgerät mit Knethaken zunächst auf niedrigster, dann auf höchster Stufe in etwa 5 Minuten zu einem glatten Teig verarbeiten.

3 Den Teig zugedeckt so lange an einem warmen Ort gehen lassen, bis er sich sichtbar vergrößert hat. Ihn dann mit Mehl bestäuben, aus der Schüssel nehmen, auf der Arbeitsfläche durchkneten. Aus 2/3 des Teiges 3 etwa 40 cm lange Rollen formen, flechten, als Zopf auf ein gefettetes Backblech legen. Mit einer Teigrolle der Länge nach eine Vertiefung eindrücken.

4 Eigelb mit Milch verschlagen, die Vertiefung mit etwas davon bestreichen, von dem Rest des Teiges 3 etwa 35 cm lange Rollen formen, daraus einen Zopf flechten, auf den größeren legen, ebenfalls mit Eigelbmilch bestreichen.

5 Den Zopf nochmals so lange an einem warmen Ort gehen lassen, bis er sich sichtbar vergrößert hat. Das Backblech in den Backofen schieben.

**Ober-/Unterhitze:** 180–200 °C (vorgeheizt)
**Heißluft:** 160–180 °C (nicht vorgeheizt)
**Gas:** Stufe 3–4 (vorgeheizt)
**Backzeit:** etwa 35 Minuten

# Mandel-Möhren-Brot

| Zutaten |
|---|
| 300 g Möhren |
| 1–2 EL Zitronensaft |
| 500 g Weizenkörner |
| 1 Pck. Trockenhefe |
| 3 EL Weizenvollkornflocken |
| 100 g gemahlene Mandeln |
| 1 TL Meersalz |
| 3 EL Honig |
| 100 g weiche Butter |
| 1 Ei |
| 100 ml lauwarmes Wasser |
| 150 g Sultaninen |
| 40 g abgezogene, gemahlene Mandeln |

**Zubereitungszeit:**
etwa 110 Minuten

**Insgesamt:**
E: 108 g, F: 175 g, Kh: 496 g, kJ: 17741, kcal: 4241

*RAFFINIERT*

1 Möhren putzen, schälen, waschen und raspeln. Mit dem Zitronensaft beträufeln. Weizen fein mahlen, mit der Trockenhefe sorgfältig vermischen. Weizenvollkornflocken, Mandeln, Salz, Honig, Butter, Ei und Wasser hinzufügen.

2 Zutaten mit Handrührgerät mit Knethaken zuerst auf niedrigster, dann auf höchster Stufe in etwa 5 Minuten zu einem glatten Teig verarbeiten. Kurz vor Beendigung der Knetzeit die Möhren und dann die Sultaninen hinzufügen.

3 Den Teig zugedeckt an einem warmen Ort so lange gehen lassen, bis er sich sichtbar vergrößert hat. Ihn nochmals kurz durchkneten.

4 Eine gut gefettete Auflaufform mit der Hälfte der Mandeln ausstreuen. Den Teig hineingeben, die restlichen Mandeln darauf verteilen, etwas andrücken. Zugedeckt an einem warmen Ort nochmals so lange gehen lassen, bis der Teig sich sichtbar vergrößert hat.

5 Die Form auf dem Rost in den Backofen schieben.

**Ober-/Unterhitze:** 200–220 °C (vorgeheizt)
**Heißluft:** 180–200 °C (nicht vorgeheizt)
**Gas:** etwa Stufe 4 (nicht vorgeheizt)
**Backzeit:** 50–55 Minuten

# Gefüllte & pikante Brotspezialitäten

## Käsebrot im Tontopf

**Zutaten**

500 g Weizenmehl (Type 550)
1 Pck. Trockenhefe
1 TL Zucker
1 TL Salz
frisch gemahlener Pfeffer
3 EL Speiseöl
250 ml (1/4 l) lauwarmes Wasser
250 g Maasdamer
1 Eigelb
1 EL Wasser

**Zubereitungszeit:**
etwa 2 Stunden

**Insgesamt:**
E: 121 g, F: 115 g, Kh: 376 g, kJ: 13372, kcal: 3195

*FÜR GÄSTE*

1 Mehl in eine Schüssel sieben, mit der Hefe sorgfältig vermischen. Zucker, Salz, Pfeffer, Öl und Wasser hinzufügen.

2 Die Zutaten mit Handrührgerät mit Knethaken zunächst auf niedrigster, dann auf höchster Stufe in etwa 5 Minuten zu einem glatten Teig verarbeiten.

3 Den Teig zugedeckt an einem warmen Ort so lange gehen lassen, bis er sich sichtbar vergrößert hat. In der Zwischenzeit 2/3 des Käses in nicht zu kleine Würfel schneiden.

4 Teig mit Mehl bestäuben, auf der Arbeitsfläche die Käsewürfel unter den Teig kneten. Teig in 4 gefettete Tontöpfe (Ø 10 cm, Höhe 10 cm) oder eine Auflaufform (Ø etwa 20 cm) geben. Restlichen Käse in kleine Keile schneiden, in den Teig stecken, nochmals gehen lassen, bis er sich vergrößert hat.

5 Eigelb mit Wasser verschlagen, Teigoberfläche damit bestreichen. Tontöpfe (Form) auf dem Rost in den Backofen schieben.

**Ober-/Unterhitze:** etwa 200 °C (vorgeheizt)
**Heißluft:** etwa 180 °C (nicht vorgeheizt)
**Gas:** etwa Stufe 3 (nicht vorgeheizt)
**Backzeit:** 40–50 Minuten

**Tip:** *Als Tontöpfe sind besonders gut neue Rosentöpfe geeignet, man bekommt sie in Gartencentern.*

# Kräuter-Käse-Brot

**Zutaten**

**250 g Weizenmehl (Type 1050)**
**250 g Weizenmehl (Type 550)**
**1 Pck. Trockenhefe**
**1 TL Zucker**
**1 TL Salz**
**frisch gemahlener Pfeffer**
**250 ml (1/4 l) lauwarmes Wasser**

**2–3 Zwiebeln**
**1 EL Butter**
**1 Ei**
**100 g geriebener Gouda**
**5–6 EL gemischte, gehackte Kräuter**
**1 EL weiche Butter**
**1 Eigelb**
**1 EL Wasser**

**Zubereitungszeit:**
etwa 2 Stunden

**Insgesamt:**
E: 99 g, F: 66 g, Kh: 371 g, kJ: 10969, kcal: 2621

*FÜR GÄSTE*

1 Für den Teig beide Mehlsorten in eine Rührschüssel geben, mit Trockenhefe sorgfältig vermischen. Zucker, Salz, Pfeffer und Wasser hinzufügen.

2 Die Zutaten mit Handrührgerät mit Knethaken zunächst auf niedrigster, dann auf höchster Stufe in etwa 5 Minuten zu einem glatten Teig verarbeiten und zugedeckt an einem warmen Ort so lange gehen lassen, bis er sich sichtbar vergrößert hat.

3 Für die Füllung Zwiebeln abziehen und in Würfel schneiden. Butter zerlassen, die Zwiebelwürfel darin andünsten, Ei, Käse und Kräuter unterrühren.

4 Den Teig mit Mehl bestäuben, aus der Schüssel nehmen und auf der Arbeitsfläche durchkneten. Teig zu einem Rechteck (30 x 40 cm) ausrollen und mit weicher Butter bestreichen.

5 Die Füllung gleichmäßig darauf verteilen und die längeren Seiten des Teiges etwas einschlagen. Den Teig von den kürzeren Seiten her zur Mitte hin aufrollen, in eine gefettete Kastenform (30 x 11 cm) geben und nochmals an einem warmen Ort gehen lassen, bis er sich sichtbar vergrößert hat.

6 Den Teig auf der oberen Seite zickzackförmig etwa 1 cm tief einschneiden (nicht drücken).

7 Eigelb mit Wasser verschlagen, den Teig damit bestreichen und die Form auf dem Rost in den Backofen schieben.

**Ober-/Unterhitze:** 180–200 °C (vorgeheizt)
**Heißluft:** 160–180 °C (nicht vorgeheizt)
**Gas:** Stufe 3–4 (vorgeheizt)
**Backzeit:** 40–50 Minuten

**Tip:** *Einfacher geht es, wenn Sie für den Teig eine Backmischung Landbrot (für 750 g) nehmen. Die Teigzubereitung nach Anleitung auf der Packung, dann wie im Rezept beschrieben weiterarbeiten.*

# Speckbrot

**Zutaten**

**250 g Weizenmehl (Type 550)**
**250 g Weizenvollkornschrot**
**1 Pck. Trockenhefe**
**300 ml lauwarmes Wasser**
**150 g durchwachsener Speck, in Würfeln**
**100 g Röst-Zwiebeln (fertig gekauft)**

**Zubereitungszeit:**
etwa 2 Stunden

**Insgesamt:**
E: 78 g, F: 141 g, Kh: 401 g, kJ: 13763, kcal: 3278

*MÖGLICH IM BROTBACK-AUTOMAT*

1 Weizenmehl und Weizenvollkornschrot in eine Rührschüssel geben, mit Trockenhefe sorgfältig vermischen. Wasser hinzufügen, mit Handrührgerät mit Knethaken zunächst auf niedrigster, dann auf höchster Stufe in etwa 5 Minuten zu einem glatten Teig verarbeiten.

2 Teig zugedeckt an einem warmen Ort so lange gehen lassen, bis er sich sichtbar vergrößert hat.

3 Den Teig mit Mehl bestäuben, aus der Schüssel nehmen, auf der Arbeitsfläche kurz durchkneten und dabei Speck und Zwiebeln unterkneten.

4 Den Teig zu einem länglichen Brot formen, auf ein gefettetes Backblech legen. Den Teig zugedeckt nochmals so lange an einem warmen Ort gehen lassen, bis er sich sichtbar vergrößert hat.

5 Die obere Seite des Teiges mehrere Male 1 cm tief einschneiden (nicht drücken). Teigoberfläche mit 2 Eßlöffeln Wasser bestreichen. Das Backblech in den Backofen schieben.

**Ober-/Unterhitze:** etwa 180 °C (vorgeheizt)
**Heißluft:** etwa 160 °C (nicht vorgeheizt)
**Gas:** etwa Stufe 3 (vorgeheizt)
**Backzeit:** etwa 50 Minuten

**Tips:** *Sie können das Speckbrot auch mit einer Backmischung Weizenmischbrot (für ein Brot von 750 g) zubereiten. Bei der Rezeptur nach der Anleitung auf der Packung richten, Zwiebeln und Speck zum Schluß unterkneten. Bei der Zubereitung im Brotbackautomaten muß auf jeden Fall das Vollkornprogramm gewählt werden, um ein gutes Backergebnis zu erzielen.*

# Viererlei Brot

**Zutaten**

**750 g Weizenmehl (Type 550)**
**300 g Weizenschrot (Type 1700)**
**2 Würfel (je 42 g) Frischhefe**
**1 TL Salz**
**1 gestr. TL Zucker**
**2 gestr. TL gemahlener schwarzer Pfeffer**
**etwa 600 ml lauwarmes Wasser**
**125 ml (1/8 l) Walnußöl**
**50 g entsteinte, geviertelte schwarze Oliven**
**100 g gewürfelte Salami**
**2 TL gerebelter Oregano**
**150 g kleingewürfelter mittelalter Gouda**
**2 TL Kümmelsamen**
**1 TL gemahlener Pfeffer**
**100 g Haselnußkerne**
**50 g Walnußkerne**
**100 g geschälte Kürbiskerne**
**2 TL gemahlener Koriander**

**Zubereitungszeit:**
etwa 2 1/2 Stunden

**Insgesamt:**
E: 241 g, F: 342 g, Kh: 757 g, kJ: 31193, kcal: 7454

*DAUERT LÄNGER*

1 Weizenmehl mit Schrot in eine Schüssel geben, in die Mitte eine Vertiefung eindrücken. Hefe hineinbröckeln, Salz, Zucker, Pfeffer auf dem Mehlrand verteilen. Wasser über die Hefe gießen, die Hefe darin auflösen, Öl hinzufügen.

2 Alle Zutaten in der Küchenmaschine zuerst auf niedrigster, dann auf höchster Stufe in etwa 5 Minuten zu einem glatten Teig verarbeiten. Den Teig zugedeckt an einem warmen Ort so lange gehen lassen, bis er sich sichtbar vergrößert hat.

3 Ihn mit Mehl bestäuben, aus der Schüssel nehmen, auf der Arbeitsfläche durchkneten, zu einer länglichen Rolle formen und in 4 gleich große Stücke teilen.

4 Je 1 Teigstück mit einer der folgenden Mischungen verkneten:
Für die 1. Mischung Oliven mit Salami, Oregano vermengen.
Für die 2. Mischung Gouda mit Kümmel und Pfeffer vermengen.
Für die 3. Mischung Haselnüsse mit Walnüssen vermengen.
Für die 4. Mischung Kürbiskerne mit Koriander vermengen.

5 Die mit den verschiedenen Mischungen verkneteten Teigstücke birnenförmig formen. Das spitze Ende etwas flach drücken, mit Wasser bestreichen. Teigstücke so auf ein gefettetes Backblech legen, daß sie mit den spitzen Enden leicht überlappen und miteinander verbunden sind, in der Mitte etwas zusammendrücken.

6 Die Teigstücke zugedeckt nochmals so lange an einem warmen Ort gehen lassen, bis sie sich sichtbar vergrößert haben. Mit Wasser bestreichen, jedes Teigstück dreimal der Länge nach einritzen und in den Backofen schieben.

**Ober-/Unterhitze:** etwa 220 °C (vorgeheizt)
**Heißluft:** etwa 190 °C (nicht vorgeheizt)
**Gas:** etwa Stufe 4 (vorgeheizt)
**Backzeit:** 35–40 Minuten

# Geschichtetes Zwiebelbrot

**Zutaten**

150 g Roggenkörner
100 g Haferkörner
250 g Weizenkörner
1 TL Kümmelsamen
1 TL Korianderkörner
1 Pck. Trockenhefe
1 Pck. (15 g) Sauerteig-Extrakt
1 TL Meersalz
75 g weiche Butter
375 ml (3/8 l) lauwarmes Wasser

300 g Zwiebeln
30 g Butter
1 TL Kümmelsamen
1 TL gerebelter Oregano
Kümmelsamen

**Zubereitungszeit:**
etwa 3 Stunden

**Insgesamt:**
E. 68 g, F: 102 g, Kh: 333 g, kJ: 11058, kcal: 2643

*DAUERT LÄNGER*

1 Roggen mit Hafer, Weizen, Kümmel und Koriander fein mahlen, mit Trockenhefe und Sauerteig-Extrakt sorgfältig vermischen.

2 Salz, Butter und Wasser hinzufügen. Alle Zutaten mit Handrührgerät mit Knethaken zuerst auf niedrigster, dann auf höchster Stufe in etwa 5 Minuten zu einem glatten Teig verarbeiten.

3 Den Teig zugedeckt an einem warmen Ort so lange gehen lassen, bis er sich sichtbar vergrößert hat.

4 Zwiebeln abziehen, in Scheiben schneiden. Butter zerlassen, die Zwiebelscheiben darin hellgelb dünsten, erkalten lassen, mit Kümmel und Oregano würzen.

5 Den Teig auf der Arbeitsfläche durchkneten, in 20 Stücke schneiden, jedes Teigstück zu einem dünnen Fladen ausrollen. Eine runde Auflaufform ausfetten, mit 4 Teigfladen auslegen.

6 1/4 der Zwiebelmasse darauf verteilen, den Vorgang wiederholen, bis alle Zutaten eingeschichtet sind, die oberste Schicht sollte aus Fladen bestehen, die Fladen gut andrücken, zugedeckt an einem warmen Ort nochmals etwa 30 Minuten gehen lassen.

7 Den Teig mit Wasser bestreichen, mit Kümmel bestreuen. Die Form auf dem Rost in den Backofen schieben.

**Ober-/Unterhitze:** etwa 200 °C (vorgeheizt)
**Heißluft:** etwa 170 °C (nicht vorgeheizt)
**Gas:** Stufe 3–4 (vorgeheizt)
**Backzeit:** etwa 1 Stunde

8 Das gebackene Brot aus der Form stürzen und nochmals etwa 5 Minuten in den Backofen stellen.

# Roggenbrot mit Salami

(2 Stück)

1 Roggenbackschrot und Weizenmehl in eine Rührschüssel geben. Mit der Trockenhefe sorgfältig vermischen. Zucker, Salz und Wasser hinzufügen.

2 Die Zutaten mit Handrührgerät mit Knethaken zunächst auf niedrigster, dann auf höchster Stufe in etwa 5 Minuten zu einem glatten Teig verarbeiten. Gegen Ende der Knetzeit die Salami unterkneten.

3 Den Teig zugedeckt an einem warmen Ort so lange gehen lassen, bis er sich sichtbar vergrößert hat. Ihn mit Mehl bestäuben, aus der Schüssel nehmen und auf der Arbeitsfläche kurz durchkneten.

4 Aus dem Teig 2 längliche Brote formen, auf ein gefettetes Backblech legen und nochmals zugedeckt an einem warmen Ort gehen lassen, bis sie sich sichtbar vergrößert haben.

5 Die Oberfläche der Brotlaibe mit Wasser bestreichen, mit Mehl bestäuben und das Backblech in den Backofen schieben.

**Ober-/Unterhitze:** etwa 200 °C (vorgeheizt)
**Heißluft:** etwa 170 °C (nicht vorgeheizt)
**Gas:** Stufe 3–4 (vorgeheizt)
**Backzeit:** etwa 40 Minuten

**Tips:** *Das Brot eignet sich gut zum Einfrieren. Bei der Zubereitung im Brotbackautomaten muß das Vollkornprogramm gewählt werden.*

**Zutaten**

- 250 g Roggenbackschrot (Type 1800)
- 250 g Weizenmehl (Type 550)
- 1 Pck. Trockenhefe
- 1 TL Zucker
- 1 TL Salz
- 250 ml (1/4 l) lauwarmes Wasser
- 150 g kleingeschnittene Salami

**Zubereitungszeit:**
etwa 2 Stunden

**Insgesamt:**
E: 103 g, F: 57 g, Kh: 326 g, kJ: 9915, kcal: 2369

*MÖGLICH IM BROTBACK-AUTOMAT*

# Zwiebel-Curry-Brot

**Zutaten**

**500 g Weizenmehl (Type 1050)**
**1 Pck. Trockenhefe**
**2 TL Zucker**
**1 TL Salz**
**1 1/2 TL Currypulver**
**etwas Paprikapulver**
**250 ml (1/4 l) lauwarme Milch**
**50 g zerlassene, abgekühlte Butter**
**200–250 g Zwiebeln**
**1 Eigelb**
**1 EL Milch**

**Zubereitungszeit:**
etwa 90 Minuten

**Insgesamt:**
E: 78 g, F: 65 g, Kh: 374 g, kJ: 10561, kcal: 2520

*MÖGLICH IM BROTBACK-AUTOMAT*

1 Weizenmehl in eine Rührschüssel geben, mit Trockenhefe sorgfältig vermischen. Zucker, Salz, Currypulver, Paprikapulver, Milch und Butter hinzufügen.

2 Die Zutaten mit Handrührgerät mit Knethaken zunächst auf niedrigster, dann auf höchster Stufe in etwa 5 Minuten zu einem glatten Teig verarbeiten.

3 Den Teig zugedeckt so lange an einem warmen Ort gehen lassen, bis er sich sichtbar vergrößert hat.

4 Zwiebeln abziehen, in feine Würfel schneiden. Den Teig leicht mit Mehl bestäuben, aus der Schüssel nehmen, auf der Arbeitsfläche nochmals durchkneten, dabei die Zwiebelwürfel unterkneten.

5 Den Teig zu einer länglichen Rolle formen, auf ein mit Backpapier belegtes Backblech legen. Die Teigoberfläche mehrere Male schräg etwa 1 cm tief einschneiden.

6 Eigelb mit Milch verschlagen, den Teig damit bestreichen, nochmals an einem warmen Ort so lange gehen lassen, bis er sich sichtbar vergrößert hat. Das Backblech in den Backofen schieben.

**Ober-/Unterhitze:** etwa 180 °C (vorgeheizt)
**Heißluft:** etwa 160 °C (nicht vorgeheizt)
**Gas:** Stufe 3–4 (vorgeheizt)
**Backzeit:** etwa 45 Minuten

**Tip:** *Wenn das Brot im Brotbackautomaten gebacken wird, sollten höchstens 200 g Zwiebeln verwendet werden, da das Brot sonst zuviel Feuchtigkeit bekommt. Außerdem fällt das Bestreichen mit der Eigelbmilch weg.*

# Kosakenbrötchen

(10–11 Stück)

**Zutaten**

125 g Roggenbackschrot
375 g Weizenmehl
(Type 1050)
1 TL Salz
1 Würfel (42 g) Frischhefe
300 ml lauwarmes Wasser
40 g weiche Butter oder
Schmalz

1 Brötchen vom Vortag
500 g Gehacktes (halb
Rind-, halb Schweinefleisch)
1 Zwiebel
3 EL gemischte, gehackte
Kräuter
2 Eier
Salz
frisch gemahlener Pfeffer
Paprika edelsüß
Kondensmilch

**Zubereitungszeit:**
etwa 2 Stunden

**Insgesamt:**
E. 180 g, F: 177 g, Kh: 361 g,
kJ: 16662, kcal: 3972

*FÜR GÄSTE*

1 Für den Teig Roggenbackschrot mit Weizenmehl und Salz in eine Rührschüssel geben. Hefe in dem lauwarmen Wasser auflösen, mit Butter oder Schmalz zu dem Mehlgemisch geben.

2 Alle Zutaten mit Handrührgerät mit Knethaken zuerst auf niedrigster, dann auf höchster Stufe in etwa 5 Minuten zu einem glatten Teig verarbeiten. Den Teig zugedeckt an einem warmen Ort so lange gehen lassen, bis er sich sichtbar vergrößert hat.

3 Für die Füllung Brötchen in Wasser einweichen, gut ausdrücken, mit dem Hackfleisch in eine Schüssel geben. Zwiebel abziehen, würfeln, mit den Kräutern und Eiern hinzufügen, mit Salz, Pfeffer, Paprika würzen, gut durchkneten.

4 Den Teig leicht mit Mehl bestäuben, aus der Schüssel nehmen, auf der Arbeitsfläche durchkneten, in 2 Hälften teilen. Jede Hälfte zu einem Rechteck von 30 x 36 cm ausrollen, dann in Rechtecke von 12 x 15 cm schneiden.

5 Die Füllung auf die Teigstücke verteilen, dabei einen etwa 1 1/2 cm breiten Rand frei lassen. Die Ränder mit Wasser bestreichen, die Teigstücke von der längeren Seite her aufrollen, an den Schnittflächen fest andrücken, mit der Nahtstelle nach unten auf ein gut gefettetes Backblech legen.

6 Zugedeckt so lange gehen lassen, bis die Teigstücke sich sichtbar vergrößert haben, die Oberfläche der Teigstücke mit Kondensmilch bestreichen, zickzackförmig einschneiden. Das Backblech in den Backofen schieben.

**Ober-/Unterhitze:** 200–225 °C (vorgeheizt)
**Heißluft:** etwa 190 °C (nicht vorgeheizt)
**Gas:** etwa Stufe 4 (vorgeheizt)
**Backzeit:** 30–35 Minuten

# Joghurthörnchen mit Käse

(6–8 Stück)

**Zutaten**

**150 g Joghurt**
**125 ml (1/8 l) Olivenöl**
**125 g geriebener Schafskäse**
**2–3 EL Milch**
**2 Eier**
**1 EL Zucker**
**1 Prise Salz**
**500 g Weizenmehl (Type 405)**
**1 TL Backpulver**
**2 Eigelb**
**2 EL Olivenöl**
**3 EL Mohnsamen**
**3 EL Sesamsamen**

**Zubereitungszeit:**
etwa 75 Minuten, ohne Ruhezeit

**Insgesamt:**
E: 116 g, F: 241 g, Kh: 400 g, kJ: 18604, kcal: 445

*GUT VORZUBEREITEN*

1 Joghurt und Olivenöl in eine Rührschüssel geben und mit Handrührgerät mit Rührbesen glattrühren. Schafskäse mit Milch verrühren, mit Eiern, Zucker und Salz zum Joghurt geben.

2 Weizenmehl und Backpulver mischen, sieben, nach und nach zu der Joghurtmasse geben. Die Zutaten mit Handrührgerät mit Knethaken zu einem glatten Teig verarbeiten. Teig in ein feuchtes Küchentuch wickeln und mindestens 1 Stunde ruhen lassen.

3 Teig auf einer bemehlten Arbeitsfläche dünn ausrollen. Mit einem Messer Dreiecke ausschneiden. Dreiecke von der breiten Seite her aufrollen und zu Hörnchen formen.

4 Ein Backblech mit Olivenöl fetten und die Hörnchen darauflegen.

5 Eigelb mit Öl verrühren und die Hörnchen damit bestreichen, mit Mohn oder Sesam bestreuen. Das Backblech in den Backofen schieben.

**Ober-/Unterhitze:** etwa 180 °C (vorgeheizt)
**Heißluft:** etwa 160 °C (nicht vorgeheizt)
**Gas:** etwa Stufe 3 (vorgeheizt)
**Backzeit:** je nach Größe 15–20 Minuten

**Tip:** *Die Joghurthörnchen warm oder kalt servieren.*

# Kürbisbrot mit Sonnenblumenkernen

**Zutaten**

1 Glas (250 g Abtropfgewicht) eingelegter Kürbis
100 g zerlassene Butter oder Margarine
350 ml lauwarme Buttermilch
1 Prise Zucker
1 Würfel (42 g) Frischhefe
500 g Weizenvollkornmehl
1 TL Salz
60 g Sonnenblumenkerne

**Zubereitungszeit:**
etwa 2 1/2 Stunden

**Insgesamt:**
E: 94 g, F: 125 g, Kh: 332 g, kJ: 12449, kcal: 2971

*FÜR GÄSTE*

1 Kürbis auf einem Sieb gut abtropfen lassen und in sehr feine Würfel schneiden.

2 Fett mit der Buttermilch und Zucker vermischen, Hefe hineinbröckeln und darin auflösen, etwa 5 Minuten gehen lassen.

3 Mehl und Salz in eine Rührschüssel geben, aufgelöste Hefe, Kürbis und 50 g Sonnenblumenkerne hinzufügen. Die Zutaten mit Handrührgerät mit Knethaken zunächst auf niedrigster, dann auf höchster Stufe in etwa 5 Minuten zu einem glatten Teig verarbeiten.

4 Teig in eine gefettete Kastenform (30 cm) geben, glattstreichen und zugedeckt an einem warmen Ort so lange gehen lassen, bis er sich sichtbar vergößert hat.

5 Die Oberfläche mit Wasser bestreichen, mit den restlichen Sonnenblumenkernen bestreuen und auf dem Rost in den Backofen schieben.

**Ober-/Unterhitze:** etwa 200 °C (vorgeheizt)
**Heißluft:** etwa 180 °C (nicht vorgeheizt)
**Gas:** etwa Stufe 3 (vorgeheizt)
**Backzeit:** 1–1 1/4 Stunden

**Tip:** *Ersetzen Sie die Sonnenblumenkerne durch Kürbiskerne.*

# Käsebrötchen

(etwa 10 Stück)

1 Beide Mehlsorten in eine Rührschüssel geben, mit der Trockenhefe sorgfältig vermischen. Zucker, Salz, Pfeffer und Wasser hinzufügen.

2 Die Zutaten mit Handrührgerät mit Knethaken zunächst auf niedrigster, dann auf höchster Stufe in etwa 5 Minuten zu einem glatten Teig verarbeiten, gegen Ende der Knetzeit den Käse unterkneten.

3 Den Teig zugedeckt an einem warmen Ort so lange gehen lassen, bis er sich sichtbar vergrößert hat. Teig mit Mehl bestäuben, aus der Schüssel nehmen, auf der Arbeitsfläche kurz durchkneten und etwa 10 ovale glatte Brötchen formen.

4 Brötchen auf ein mit Backpapier belegtes Backblech legen, nochmals an einem warmen Ort gehen lassen, bis sie sich sichtbar vergrößert haben.

5 Eigelb mit Wasser verschlagen, die Brötchen damit bestreichen, mit Käse bestreuen. Das Backblech in den Backofen schieben.

**Ober-/Unterhitze:** 180–200 °C (vorgeheizt)
**Heißluft:** etwa 160 °C (nicht vorgeheizt)
**Gas:** Stufe 3–4 (vorgeheizt)
**Backzeit:** etwa 25 Minuten

**Tip:** *Einfacher geht es, wenn Sie eine Backmischung Krustenbrot (für ein Brot von 750 g) nehmen. Den Teig nach Anleitung auf der Packung zubereiten. Gegen Ende der Knetzeit den Käse unterkneten, weiter wie im Rezept beschrieben, vorgehen.*

**Zutaten**

**250 g Weizenmehl (Type 550)**
**175 g Weizenmehl (Type 1050)**
**1 Pck. Trockenhefe**
**1 TL Zucker**
**1 TL Salz**
**etwas gemahlener Pfeffer**
**250 ml (1/4 l) lauwarmes Wasser**
**150 g grob geraspelter Gouda**
**1 Eigelb**
**1 EL Wasser**
**50 g grob geraspelter Gouda**

**Zubereitungszeit:**
etwa 100 Minuten

**Insgesamt:**
E: 100 g, F: 70 g, Kh: 308 g, kJ: 10033, kcal: 2398

*RAFFINIERT*

# Pikante Hörnchen

(etwa 30 Stück)

**Zutaten**

**250 g Magerquark**
**250 g Weizenmehl (Type 405)**
**1/4 TL Salz**
**frisch gemahlener Pfeffer**
**geriebene Muskatnuß**
**250 g kalte Butter oder Margarine**
**300 g gekochter Schinken in dünnen Scheiben**
**1 Eigelb**
**2 EL Milch**

**Zubereitungszeit:**
etwa 60 Minuten, ohne Abtropf- und Ruhezeiten

**Insgesamt:**
E: 128 g, F: 254 g, Kh: 194 g, kJ: 15696 , kcal: 3749

*FÜR KINDER*

1 Den Quark mindestens eine Stunde auf einem Sieb gut abtropfen lassen (oder durch ein Handtuch drücken). Mehl in eine Rührschüssel sieben, mit Salz und Gewürzen mischen. Das Fett und den Quark hinzufügen.

2 Die Zutaten mit Handrührgerät mit Knethaken zu einem glatten Teig verarbeiten. Den Teig in Folie gewickelt etwa 1 Stunde im Kühlschrank ruhen lassen.

3 Den Teig auf der leicht bemehlten Arbeitsfläche 3–4 mm dick ausrollen. Mit dem Teigrädchen zuerst in 14 cm breite Streifen, dann in spitz zulaufende Dreiecke schneiden.

4 Schinkenscheiben in Streifen schneiden. Jedes Dreieck mit Schinkenstreifen belegen, von der breiten Seite her zu einem Hörnchen aufrollen.

5 Die Hörnchen auf ein gefettetes Backblech legen. Eigelb mit Milch verquirlen und die Hörnchen damit dünn bestreichen. Das Backblech in den Backofen schieben und die Hörnchen goldgelb backen.

**Ober-/Unterhitze:** etwa 200 °C (vorgeheizt)
**Heißluft:** etwa 180 °C (nicht vorgeheizt)
**Gas:** Stufe 3–4 (vorgeheizt)
**Backzeit:** 20–25 Minuten

**Tip:** *Die Hörnchen schmecken frisch am besten. Nach Belieben die Hörnchen mit Käse füllen.*

# Pikante Franzbrötchen

(10 Stück)

**Zutaten**

½ Würfel (21 g) Frischhefe
½ TL Zucker
etwa 300 ml lauwarmes Wasser
250 g Weizenmehl (Type 550)
250 g Weizenmehl (Type 1050)
1 Prise Salz
1 Ei
1 EL Kümmelsamen
1 ½ TL grobes Salz

**Zubereitungszeit:**
etwa 90 Minuten

**Insgesamt:**
E: 67 g, F: 14 g, Kh: 351 g, kJ: 7989 , kcal: 1909

*FÜR GÄSTE*

1 Hefe zerbröckeln, mit dem Zucker in Wasser auflösen, etwa 5 Minuten gehen lassen.

2 Die beiden Mehlsorten in eine Rührschüssel geben. Salz und aufgelöste Hefe hinzufügen, mit Handrührgerät mit Knethaken zunächst auf niedrigster, dann auf höchster Stufe in etwa 5 Minuten zu einem glatten Teig verarbeiten. Zugedeckt an einem warmen Ort gehen lassen, bis sich der Teig sichtbar vergrößert hat.

3 Teig mit Mehl bestäuben, aus der Schüssel nehmen, auf der Arbeitsfläche durchkneten und zu einem Rechteck 20 x 40 cm ausrollen.

4 Ei trennen. Teig mit verquirltem Eiweiß bestreichen, mit Kümmel und Salz bestreuen. Teig von der Längsseite her aufrollen und in 4 cm breite Stücke schneiden. Mit einem bemehlten Kochlöffelstiel die Stücke zwischen den Schnittkanten in der Mitte kräftig herunterdrücken, so daß sich die Seiten stark hochwölben.

5 Teigteilchen auf ein mit Backpapier belegtes Backblech legen. Eigelb mit etwas Wasser verquirlen, Brötchen damit bestreichen und zugedeckt nochmals gehen lassen, bis sie sich sichtbar vergrößert haben.

6 Backblech in den Backofen schieben.

**Ober-/Unterhitze:** etwa 200 °C (vorgeheizt)
**Heißluft:** etwa 180 °C (nicht vorgeheizt)
**Gas:** etwa Stufe 3 (vorgeheizt)
**Backzeit:** etwa 25 Minuten

# Brioches mit Käse-Birnenfüllung

(etwa 20 Stück)

**Zutaten**

- 500 g Weizenmehl (Type 405)
- 1 EL Zucker
- 1 TL Salz
- 100 ml Wasser
- 150 g Butter oder Margarine
- 1/2 Würfel (21 g) Frischhefe
- 3 Eier
- 1 Birne
- 175 g Blauschimmelkäse
- 1 Eigelb
- 1 EL Schlagsahne

**Zubereitungszeit:**
etwa 100 Minuten

**Insgesamt:**
E: 123 g, F: 202 g, Kh: 391 g, kJ: 17036, kcal: 4071

*RAFFINIERT*

1 Mehl in eine Rührschüssel sieben, mit Zucker und Salz mischen. Wasser und Fett erwärmen, die Hefe darin auflösen. Hefegemisch und Eier zum Mehl geben.

2 Die Zutaten mit Handrührgerät mit Knethaken zunächst auf niedrigster, dann auf höchster Stufe in etwa 5 Minuten zu einem glatten Teig verarbeiten.

3 Den Teig zugedeckt an einem warmen Ort gehen lassen, bis er sich sichtbar vergrößert hat.

4 Birne waschen, schälen, vierteln und entkernen. Birnenviertel fein würfeln. Käse ebenfalls in Würfel schneiden und mit den Birnenstücken vermischen.

5 Teig in 20 gleichgroße Stücke teilen. Von jedem Stück ein Drittel abtrennen und zu einer kleinen Kugel formen. Restlichen Teig ebenfalls zu einer Kugel formen und in je 20 gleichgroße Papierbackförmchen geben.

6 In die Mitte eine Mulde drücken. Je einen Eßlöffel von der Käse-Birnenfüllung hineingeben. Die kleinen Kugeln darauf setzen. Nochmals an einem warmen Ort gehen lassen, bis sie sich sichtbar vergrößert haben.

7 Eigelb mit der Sahne verquirlen, Brioches damit bestreichen und die Förmchen auf einem Backblech in den Backofen schieben.

**Ober-/Unterhitze:** etwa 220 °C (vorgeheizt)
**Heißluft:** etwa 200 °C (nicht vorgeheizt)
**Gas:** etwa Stufe 4 (vorgeheizt)
**Backzeit:** 12–15 Minuten

# Internationale Brotspezialitäten

## Scones

(etwa 12 Stück)

| **Zutaten** |
|---|
| 300 g Weizenmehl (Type 405) |
| 2 TL Backpulver |
| 1 Prise Salz |
| 50 g Zucker |
| 100 g weiche Butter |
| 2 Eier |
| 100 ml Milch |

**Zubereitungszeit:**
etwa 60 Minuten

**Insgesamt:**
E: 52 g, F: 86 g, Kh: 298 g, kJ: 9503, kcal: 2270

1 Mehl und Backpulver mischen, in eine Schüssel sieben, mit Salz und Zucker vermischen. Butter zugeben, mit Handrührgerät mit Knethaken zu Streuseln verarbeiten.

2 Ein Ei trennen, das Eigelb mit dem Ei schaumig schlagen, mit der Milch verrühren, dann zu den Streuseln geben.

3 Den Teig mit Handrührgerät mit Knethaken zu einem festen Teig verarbeiten und auf einer bemehlten Arbeitsfläche etwa 2 cm dick ausrollen.

4 Mit einer runden Ausstechform oder einem Glas (Ø etwa 5 cm) Teigstücke ausstechen. Diese mit genügend Abstand auf ein gefettetes Backblech legen.

5 Das Eiweiß mit einer Gabel verschlagen und die Oberfläche der Teigstücke damit bestreichen. Das Backblech auf mittlerer Schiene in den Backofen schieben. Die Scones backen, bis sie leicht gebräunt sind. Sofort servieren.

**Ober-/Unterhitze:** etwa 220 °C (vorgeheizt)
**Heißluft:** etwa 200 °C (nicht vorgeheizt)
**Gas:** etwa Stufe 4 (vorgeheizt)
**Backzeit:** 15–20 Minuten

**Tip:** *Zu den Scones serviert man Butter, saure Sahne und rote Konfitüre.*

# Muffins

(12–14 Stück)

**Zutaten**

**500 g Weizenmehl (Type 550)**
**1 Pck. Trockenhefe**
**50 g Zucker**
**knapp 250 ml (1/4 l) lauwarme Milch oder Schlagsahne**
**50 g zerlassene, abgekühlte Butter**
**1/2 TL Salz**
**1 Eigelb**
**1 EL Milch**

**Zubereitungszeit:**
etwa 80 Minuten

**Insgesamt:**
E: 68 g, F: 61 g, Kh: 422 g, kJ: 11030, kcal: 2636

*FÜR KINDER*

1 Weizenmehl in eine Rührschüssel sieben und mit Trockenhefe sorgfältig vermischen. Zucker, Milch oder Sahne, Butter und Salz hinzufügen.

2 Die Zutaten mit Handrührgerät mit Knethaken zunächst auf niedrigster, dann auf höchster Stufe in etwa 5 Minuten zu einem glatten Teig verarbeiten und zugedeckt an einem warmen Ort so lange gehen lassen, bis er sich sichtbar vergrößert hat.

3 Teig mit Mehl bestäuben, aus der Schüssel nehmen, auf der Arbeitsfläche durchkneten. Mit bemehlten Händen 12–14 gleich große Kugeln formen (Ø etwa 4 cm). Muffinsblech einfetten und die Teigkugeln hineinsetzen.

4 Eigelb mit Milch verschlagen, die Muffins mit der Eigelbmilch bestreichen, nochmals an einem warmen Ort gehen lassen und das Blech auf dem Rost, untere Schiene in den Backofen schieben.

**Ober-/Unterhitze:** etwa 180 °C (vorgeheizt)
**Heißluft:** etwa 160 °C (nicht vorgeheizt)
**Gas:** Stufe 2–3 (vorgeheizt)
**Backzeit:** etwa 20 Minuten

5 Muffins aus dem Blech nehmen und noch warm servieren.

**Tip:** *Wenn Sie kein Muffinsblech besitzen, können Sie auch Auflaufförmchen (Ø 7,5 cm) verwenden oder aus Alufolie handtellergroße Formen herstellen, indem Sie Alufolie über ein umgedrehtes Glas stülpen oder Sie verwenden Papierförmchen.*

# Bagels

(12 Stück)

**Zutaten**

450 g Weizenmehl (Type 405)
50 g Speisestärke
1 Pck. Trockenhefe
1 TL Salz
3 TL brauner Zucker
300 ml lauwarmes Wasser
1 Eigelb
Hagelsalz
Sesamsamen
Mohnsamen

**Zubereitungszeit:**
etwa 70 Minuten

**Insgesamt:**
E: 60 g, F: 26 g, Kh: 390 g, kJ: 8989, kcal: 2148

*RAFFINIERT*

1 Weizenmehl und Speisestärke mischen, in eine Rührschüssel sieben, mit der Trockenhefe sorgfältig vermischen. Salz, Zucker und Wasser hinzufügen.

2 Zutaten mit Handrührgerät mit Knethaken zunächst auf niedrigster, dann auf höchster Stufe in etwa 5 Minuten zu einem Teig verarbeiten. Teig zugedeckt so lange an einem warmen Ort gehen lassen, bis er sich sichtbar vergrößert hat.

3 Teig leicht mit Mehl bestäuben, aus der Schüssel nehmen, auf der Arbeitsfläche nochmals kurz durchkneten, dabei zu einer Rolle formen, diese in 12 gleich große Portionen teilen, zu Kugeln formen, während der Weiterverarbeitung mit feuchtem Tuch abdecken.

4 Wasser in einem genügend großen breiten Topf ($^{2}/_{3}$ voll) zum Kochen bringen. Jede Teigkugel mit bemehltem Zeigefinger in der Mitte bis auf die Arbeitsfläche eindrücken, den Finger kreisförmig bewegen, um das Loch zu vergrößern. Den Teigring so lange um den Finger kreisen lassen, bis der Durchmesser des Loches etwa ein Drittel des Gesamtdurchmessers beträgt.

5 Mehrere Teigstücke in das schwach kochende Wasser geben, etwa 1 Minute nicht zugedeckt darin lassen, bis sie sich aufzublähen beginnen. Die Teigstücke mit einem Schaumlöffel herausnehmen, abtropfen lassen, auf ein gefettetes Backblech legen.

6 Eigelb verschlagen, Teigringe damit bestreichen, mit Hagelsalz, Sesam und Mohn bestreuen und sofort backen.

**Ober-/Unterhitze:** 200–220 °C (vorgeheizt)
**Heißluft:** 180–200 °C (nicht vorgeheizt)
**Gas:** Stufe 3–4 (vorgeheizt)
**Backzeit:** etwa 15 Minuten (Bagels sollen goldgelb sein)

**Tip:** *Bagels mit geräuchertem Lachs und Hüttenkäse servieren.*

# Pizzabrot (Focaccia)

(etwa 12 Stück)

**Zutaten**

- 1/2 Würfel (21 g) Frischhefe
- 250 ml (1/4 l) lauwarmes Wasser
- 500 g Weizenmehl (Type 405)
- 1 TL Salz
- 30 g Margarine
- 3 EL Olivenöl
- gerebelter Oregano
- gerebelter Thymian

**Zubereitungszeit:**
etwa 60 Minuten

**Insgesamt:**
E: 56 g, F: 65 g, Kh: 364 g, kJ: 10009, kcal: 2392

*FÜR GÄSTE*

1 Die Hefe zerbröckeln, in dem Wasser auflösen. Mehl in eine Rührschüssel sieben. Salz, Margarine und die aufgelöste Hefe hinzufügen.

2 Die Zutaten mit Handrührgerät mit Knethaken zunächst auf niedrigster, dann auf höchster Stufe in etwa 5 Minuten zu einem glatten Teig verarbeiten. Den Teig zugedeckt an einem warmen Ort so lange gehen lassen, bis er sich sichtbar vergrößert hat.

3 Den Teig mit Mehl bestäuben, aus der Schüssel nehmen, auf der Arbeitsfläche durchkneten und in 12 Stücke teilen. Diese zu ovalen Fladen ausrollen.

4 Die Fladen auf ein gefettetes Backblech legen. Mit einem Löffelstiel Vertiefungen in die Fladen drücken. Fladen mit Olivenöl bestreichen und mit den Kräutern bestreuen.

5 Das Backblech in den Backofen schieben und die Fladen goldbraun backen.

**Ober-/Unterhitze:** etwa 220 °C (vorgeheizt)
**Heißluft:** etwa 200 °C (nicht vorgeheizt)
**Gas:** etwa Stufe 4 (vorgeheizt)
**Backzeit:** 15–20 Minuten

# Croissants

(12 Stück)

**Zutaten**

500 g Weizenmehl (Type 405)
1 Würfel (42 g) Frischhefe
30 g Zucker
250 ml (1/4 l) kalte Milch
1 Prise Salz
2 Eier
25 g kalte Butter
250 g kalte Butter in Scheiben
3 EL Kondensmilch

**Zubereitungszeit:**
etwa 3 Stunden

**Insgesamt:**
E: 84 g, F: 259 g, Kh: 439 g, kJ: 19282, kcal: 4607

*DAUERT LÄNGER*

1 Mehl in eine Schüssel sieben. Eine Vertiefung in die Mitte drücken, Hefe hineinbröckeln, mit etwas von dem Zucker vermischen. Etwas von der Milch erwärmen und zu der Hefe geben. Zugedeckt an einem warmen Ort gehen lassen.

2 Salz, Eier, restlichen Zucker, 25 g Butter und restliche Milch hinzufügen. Mit Handrührgerät mit Knethaken zunächst auf niedrigster, dann auf höchster Stufe in etwa 5 Minuten zu einem glatten Teig verarbeiten. Teig zugedeckt an einem warmen Ort so lange gehen lassen, bis er sich sichtbar vergrößert hat (oder 12 Stunden im Kühlschrank ruhen lassen).

3 Teig mit Mehl bestäuben, auf der Arbeitsfläche zu einem Rechteck von 20 x 35 cm ausrollen. Die Hälfte des Teiges mit den kalten Butterscheiben belegen. Die nicht belegte Teighälfte darüberklappen und leicht mit einer Teigrolle andrücken. Teig zu einer Platte von 30 x 40 cm ausrollen. Von der schmalen Seite her zweimal übereinanderschlagen, damit 3 Schichten entstehen und 15 Minuten in den Kühlschrank legen. Diesen Vorgang noch 2–3mal wiederholen. Teig dazu zur offenen Seite ausrollen. Teig zwischendurch immer 15 Minuten ruhen lassen.

4 Teig zu einem Rechteck von 50 x 40 cm ausrollen, der Länge nach halbieren, so daß 2 Teigstreifen von 50 x 20 cm entstehen. Jeden Teigstreifen mit Hilfe eines Lineals und Messers in 6 Dreiecke schneiden, von der breiten Seite her aufrollen und die Seiten etwas nach innen biegen.

5 Teighörnchen in größerem Abstand voneinander auf ein gefettetes Backblech legen und zugedeckt nochmals gehen lassen, bis sie sich sichtbar vergrößert haben. Mit Kondensmilch bestreichen. Das Backblech in den Backofen schieben.

**Ober-/Unterhitze:** etwa 220 °C (vorgeheizt)
**Heißluft:** etwa 200 °C (nicht vorgeheizt)
**Gas:** Stufe 3–4 (vorgeheizt)
**Backzeit:** 15–20 Minuten

# Französisches Löcherbrot

1 Weizenmehl in eine Rührschüssel sieben und mit der Trockenhefe sorgfältig vermischen. Wasser, Orangensaft, Puderzucker, Eier, Salz und Öl zugeben.

2 Die Zutaten mit Handrührgerät mit Knethaken zunächst auf niedrigster, dann auf höchster Stufe in etwa 5 Minuten zu einem glatten Teig verarbeiten. Den Teig zugedeckt an einem warmen Ort so lange gehen lassen, bis er sich sichtbar vergrößert hat.

3 Ihn dann mit Mehl bestäuben, aus der Schüssel nehmen und auf der Arbeitsfläche durchkneten, in vier Portionen teilen. Jede Portion zu einem etwa 2 cm dicken runden Fladen ausrollen, mehrere Male kreuzweise einschneiden und die Schnittstellen vorsichtig auseinanderziehen und auf ein mit Backpapier belegtes Backblech legen.

4 Eigelb mit Milch verschlagen, die Teigstücke damit bestreichen, mit Fenchelsamen bestreuen.

5 Das Backblech in den Backofen schieben.

**Ober-/Unterhitze:** etwa 200 °C (vorgeheizt)
**Heißluft:** etwa 180 °C (nicht vorgeheizt)
**Gas:** Stufe 3–4 (vorgeheizt)
**Backzeit:** 20–25 Minuten

**Zutaten**

500 g Weizenmehl (Type 405)
1 Pck. Trockenhefe
125 ml (1/8 l) lauwarmes Wasser
2 EL Orangensaft
50 g gesiebter Puderzucker
2 Eier
1 Prise Salz
4 EL (50 ml) Olivenöl
2 Eigelb
2 EL Milch
2 EL Fenchelsamen

**Zubereitungszeit:**
etwa 80 Minuten

**Insgesamt:**
E: 82 g, F: 83 g, Kh: 429 g, kJ: 12268, kcal: 2331

*RAFFINIERT*

# Grissini

(etwa 50 Stück)

**Zutaten**

**1 Würfel (42 g) Frischhefe**
**250 ml (1/4 l) lauwarmes Wasser**
**500 g Weizenmehl (Type 405 oder 550)**
**40 g Margarine**
**1 TL Salz**
**1 Eigelb**
**1 EL Milch**

**Zubereitungszeit:**
etwa 60 Minuten

**Insgesamt:**
E: 62 g, F: 45 g, Kh: 358 g, kJ: 9221, kcal: 2205

GUT VORZUBEREITEN

1 Die Hefe zerbröckeln und in dem Wasser auflösen. Mehl in eine Rührschüssel sieben. Margarine, Salz und die aufgelöste Hefe zugeben.

2 Die Zutaten mit Handrührgerät mit Knethaken zunächst auf niedrigster, dann auf höchster Stufe in etwa 5 Minuten zu einem glatten Teig verarbeiten. Den Teig zugedeckt an einem warmen Ort so lange gehen lassen, bis er sich sichtbar vergrößert hat.

3 Teig mit Mehl bestäuben, aus der Schüssel nehmen, auf der Arbeitsfläche nochmals durchkneten.

4 Den Teig in kleine Stücke teilen und zu etwa 20 cm langen dünnen Rollen formen. Die Teigröllchen auf ein mit Backpapier belegtes Backblech legen, nochmals etwa 10 Minuten gehen lassen.

5 Eigelb mit Milch verquirlen, die Teigrollen damit bestreichen. Das Backblech in den Backofen schieben.

**Ober-/Unterhitze:** etwa 200 °C (vorgeheizt)
**Heißluft:** etwa 180 °C (nicht vorgeheizt)
**Gas:** etwa Stufe 3 (vorgeheizt)
**Backzeit:** 12–15 Minuten

6 Nach dem Backen die Grissini vom Backblech nehmen und auf einem Kuchenrost auskühlen lassen.

**Tip:** *Grissini ist eine italienische Brotspezialität, die als kleiner Snack mit hauchdünnen Scheiben Parmaschinken umwickelt, angeboten wird.*
*Grissini vor dem Backen mit Sesamsamen, Mohnsamen, grobem Salz oder Kümmel bestreuen.*

# Pita-Brot

(etwa 6 Stück)

**Zutaten**

**400 g Weizenmehl (Type 405)**
**1 Würfel (42 g) Frischhefe**
**1 EL Honig**
**250 ml (1/4 l) lauwarmes Wasser**
**8 EL Olivenöl**
**2 TL Meersalz**
**2 TL ungeschälte Sesamsamen**
**1 TL Kreuzkümmel**

**Zubereitungszeit:**
etwa 100 Minuten

**Insgesamt:**
E: 49 g, F: 105 g, Kh: 305 g, kJ: 10351, kcal: 2473

*FÜR GÄSTE*

1 Mehl in eine Rührschüssel sieben, in die Mitte eine Vertiefung drücken. Die Hefe hineinbröckeln, Honig und Wasser hinzufügen. Mit etwas Mehl zu einem Vorteig verrühren und etwa 10 Minuten zugedeckt an einem warmen Ort gehen lassen.

2 Öl und Salz hinzufügen, mit dem restlichen Mehl die Zutaten mit Handrührgerät mit Knethaken zuerst auf niedrigster, dann auf höchster Stufe in etwa 5 Minuten zu einem glatten Teig verarbeiten.

3 Den Teig zugedeckt an einem warmen Ort gehen lassen, bis er sich sichtbar vergrößert hat. Den Teig mit Mehl bestäuben, aus der Schüssel nehmen, auf der Arbeitsfläche durchkneten.

4 Den Teig in 6 Stücke teilen. Die Teigstücke zwischen den bemehlten Handflächen jeweils zu flachen, etwa 12 x 12 cm großen Fladen formen.

5 Die Fladen auf ein gefettetes Backblech legen, mit Wasser besprühen oder bestreichen und mit den Gewürzen bestreuen. Mit einer Backnadel oder einem Holzstäbchen mehrere Löcher in die Fladen stechen.

6 Die Teigfladen auf mittlerer Schiene hellbraun backen, im ausgeschalteten Backofen noch etwa 5 Minuten ruhen lassen.

**Ober-/Unterhitze:** etwa 220 °C (vorgeheizt)
**Heißluft:** etwa 200 °C (nicht vorgeheizt)
**Gas:** etwa Stufe 4 (vorgeheizt)
**Backzeit:** 25–30 Minuten

**Tip:** *Die Pita-Brote lassen sich besser aufschneiden, wenn man sie vorher noch einmal kurz angewärmt. Mit Salat, Käse oder Fleisch gefüllt, sind sie eine leckere, kleine Mahlzeit.*

# Ciabatta

(4 Stück)

**Zutaten**

**$^1/_2$ Würfel (21 g) Frischhefe**
**500 ml ($^1/_2$ l) lauwarmes Wasser**
**950 g Weizenmehl (Type 550)**
**5 EL (75 ml) lauwarme Milch**
**1 EL Olivenöl**
**1 gestr. EL Salz**
**evtl. 2–3 EL lauwarmes Wasser**

**Zubereitungszeit:**
70 Minuten, ohne Ruhe- und Gehzeiten

**Insgesamt:**
E: 106 g, F: 25 g, Kh: 681 g, kJ: 14982, kcal: 3583

*DAUERT LÄNGER*

**Tip:** *Aus dem gleichen Teig können Sie ein Oliven-Tomaten-Brot machen. Nach der Stunde Gehzeit werden je 100 g schwarze und grüne, entsteinte, gewürfelte Oliven und 6 gewürfelte, getrocknete Tomaten (in Öl eingelegt, abgetropft) unter den Teig geknetet. Teig teilen, aus einer Portion ein flaches Brot, aus restlichem Teig 6 flache Fladen formen. Nach 90 Minuten Ruhezeit das Brot etwa 30 Minuten und die Fladen etwa 20 Minuten backen.*

1 Für den Vorteig $^1/_4$ Würfel Frischhefe in die Hälfte des Wassers bröckeln, 3–4 Minuten stehen lassen, sorgfältig verrühren. Mehl sieben, 350 g davon zu der Hefe geben und gut untermischen, zugedeckt bei Zimmertemperatur gut 12 Stunden ruhen lassen.

2 Restliche Hefe in die Milch bröckeln, 3–4 Minuten stehen lassen, sorgfältig verrühren. Restliches Wasser, Öl und Vorteig dazugeben und mit Handrührgerät mit Knethaken sorgfältig verarbeiten. Restliches Mehl mit Salz zugeben, 2 Minuten auf niedriger Stufe und 3 Minuten auf mittlerer Stufe durchkneten, evtl. noch Wasser zugeben.

3 Teig auf einer bemehlten Arbeitsfläche leicht durchkneten, evtl. etwas Mehl unterarbeiten. Der Teig soll relativ weich bleiben. Ihn zugedeckt an einem warmen Ort etwa 1 Stunde gehen lassen, bis er sich verdoppelt hat und Blasen zeigt.

4 Teig auf einer gut mit Mehl bestäubten Arbeitsfläche in 4 Portionen teilen, aber nicht durchkneten. Zu 25 x10 cm großen Rechtecken ausrollen. Jedes Rechteck auf ein Stück bemehltes Backpapier legen und mit den Fingern regelmäßig eindrücken. Die Teigstücke zudecken und 90 Minuten ruhen lassen. Der Teig geht nur wenig auf.

5 Zwei Backbleche für etwa 15 Minuten zum Erhitzen in den vorgeheizten Backofen geben. Die Brote vorsichtig umgedreht auf die Backbleche legen (dabei aber nicht die Luft herausdrücken!). Das Backpapier vorsichtig entfernen und die Brote backen. Während der ersten 10 Minuten der Backzeit die Brote dreimal mit Wasser bestreichen.

**Ober-/Unterhitze:** 200–220 °C (vorgeheizt)
**Heißluft:** 180–200 °C (nicht vorgeheizt)
**Gas:** etwa Stufe 4 (vorgeheizt)
**Backzeit:** 20–25 Minuten

# Ratgeber

## Getreidearten

**Weizen** ist das wichtigste und am meisten verwendete Getreide. Weizenmehl, das nur aus dem Mehlkörper hergestellt wurde, bei dem also die wertvollen Außenschichten und der Keim fehlen, hat einen großen Teil qualitativ hochwertiger Stoffe verloren. Wesentlich besser ist daher Mehl aus ganzem Korn, das sogenannte Vollkornmehl.

**Roggen** ist die zweitwichtigste und dunkelste Getreideart. Er wird überwiegend zur Brotherstellung eingesetzt. Roggen ist reich an B-Vitaminen und Mineralstoffen.

**Hafer** gehört zu den Spelzgetreiden und muß daher enthülst werden. Er ist reich an Vitaminen, Mineralstoffen, hochwertigem Eiweiß und hat darüber hinaus einen relativ hohen Anteil an qualitativen Fettsäuren, was ihn sehr wertvoll für die Ernährung macht.

**Gerste** zählt neben Weizen zu den ältesten Getreidearten. Ihr Mehlkörper ist besonders reich an Mineralstoffen wie Kalium, Calcium, Phosphor und Kieselsäure.

**Hirse** ist eine kleinkörnige aber sehr wertvolle Getreidesorte. Reife Hirse enthält viel Mineralstoffe, darunter Magnesium, Eisen, Fluor und Kieselsäure.

**Mais**, auch bekannt als Kukuruz oder türkischer Weizen, gilt neben Reis und Weizen als wichtigstes Getreide. Mais enthält allerdings weniger Eiweiß als die übrigen Getreidesorten. Vor allem fehlt ihm das zum Backen wichtige Klebereiweiß.

**Buchweizen** ist ein Knöterichgewächs. Seine Körner haben eine dreieckige Form. Der Buchweizen war lange Zeit in Vergessenheit geraten, ehe ihn die Vollwertküche wiederentdeckte. Buchweizen ist nämlich leicht verdaulich und liefert für den menschlichen Organismus wichtige Mineralien, Vitamine und Lecithin.

**Dinkel** und **Grünkern** sind enge Verwandte des Weizens. Weil er besonders viel Klebereiweiß enthält, wird Dinkel gern zur Brotherstellung genutzt. Halbreife Körner des Dinkels kommen als „Grünkern" auf den Markt. Grünkern ist reich an Vitaminen und Mineralstoffen. Beim Trocknen, dem sogenannten Darren, erhält er seinen typischen, pikanten Geschmack.

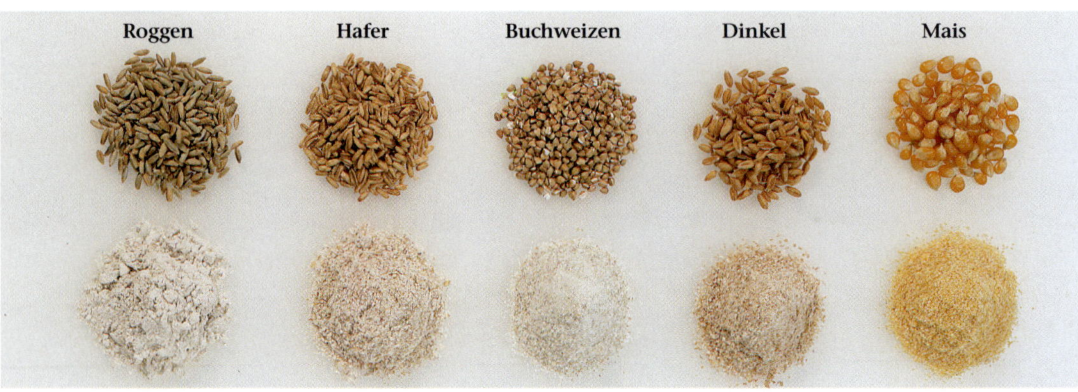

# Ratgeber

## Mehltypen

Bei der Herstellung von Mehl werden je nach Mehlsorte das ganze Korn oder aber nur ein Teil des Korns vermahlen. Je nach Ausmahlungsgrad werden Mehle in verschiedene Typen unterteilt. Die jeweilige Mehltype gibt den Mineralstoffgehalt in mg pro 100 g Mehltrokkensubstanz an. Je höher ein Mehl ausgemahlen ist, (z.B. Type 1600), umso mehr mineralstoffhaltige Randschichten, Vitamine und Ballaststoffe enthält es. Dem gegenüber stehen die niedrig ausgemahlenen Auszugsmehle mit entsprechender kleinerer Typenzahl.

**Weizenmehle nach deutscher Typennummer:**

**Type 405** ist ein feines, weißes Kuchenmehl, das sich sowohl zum Backen als auch zum Kochen eignet. Das Mehl besteht in erster Linie aus Stärke und Klebereiweiß, das ganz hervorragende Backeigenschaften besitzt.

**Type 550** unterscheidet sich optisch kaum vom gängigen Haushaltsmehl der Type 405, obwohl für diese Mehlsorte etwas mehr vom Korn vermahlen wird.

**Type 1050** liegt im Vitamin- und Mineralstoffgehalt etwa in der Mitte zwischen Vollkorn- und Weißmehl. Das von Natur aus dunklere Mehl wird mittelstark ausgemahlen und ist kräftig im Geschmack. In fast jedem Rezept ist es – ohne das die Backergebnisse gravierend geändert würden – zur Hälfte gegen die Type 405 austauschbar.

**Type 1600** ist ein dunkles, im Geschmack kräftiges, stark ausgemahlenes Weizenmehl. An der hohen Typenzahl erkennt man schon den großen Anteil wertvoller Randschichten. Daher ist es eigentlich auch nicht mehr als Mehl, sondern eher als recht grobkörniges Schrot zu bezeichnen. Zum Kuchenbacken ist es also weniger geeignet. Im Vitamin- und Mineralstoffgehalt kommt die Type 1600 dem Vollkornmehl erfreulich nahe.

**Vollkornmehl** ist die einzige Mehlsorte, die keine Typenzahl ausweisen muß. Denn in diesem Mehl sind grundsätzlich – wie der Name schon sagt – alle Bestandteile des Korns enthalten. Vollkornmehle eignen sich, vorausgesetzt sie sind fein gemahlen, für fast alle Teige. Allerdings wird das Backwerk weniger locker und braucht mehr Flüssigkeit.

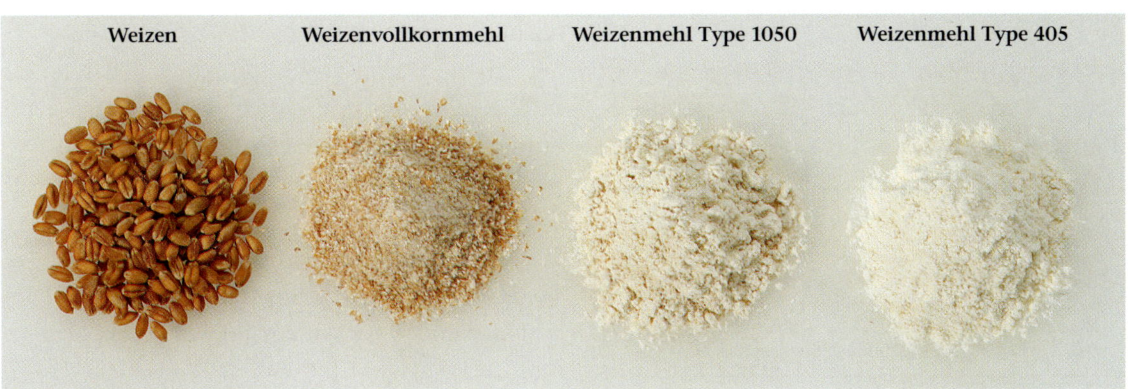

# Ratgeber

## Teiglockerungsmittel

Wie gut das Brot ist, wenn es aus dem Backofen kommt, entscheidet sich bereits bei der Bearbeitung des Teiges. Je lockerer der Teig, umso besser das Backergebnis. Locker wird der Teig zum einen durch Rühren, Schlagen oder Kneten. Zum anderen durch natürliche (Hefe, Sauerteig) oder chemische Triebmittel (Backpulver, Hirschhornsalz, Pottasche). Alle Triebmittel entwickeln bei der Teigherstellung Kohlendioxid, das durch Bildung feiner Poren den Teig lockert.

**Sauerteig:** Die älteste Form der Teiglockerung ist die Sauerteiggärung und für die Herstellung von dunklen und kleberreichen Broten (zum Beispiel Roggenbrot) geeignet. Die Teiglockerung wird hervorgerufen durch alkoholische Gärung, die Kohlenhydrate des Getreidemehls in Alkohol und gasförmiges Kohlendioxid verwandelt. Zum anderen durch Milchsäuregärung, bei der Kohlenhydrate des Mehls in Milchsäure umgewandelt werden. Letzteres verleiht dem Brot den erwünschten feinsäuerlichen Geschmack. Sauerteig gibt es fertig als Extrakt oder angesetzt beim Bäcker.
15 g Sauerteig-Extrakt entspricht etwa 150 g frischem Natur-Sauerteig und ist ausreichend für ein 1,3–1,5 kg Brot.
Er kann auch in drei Stufen selbst hergestellt werden. Dazu wird benötigt: 400 g Roggenmehl, 400 ml Wasser.

**1. Stufe (Ansatz)**
100 g Roggenmehl
100 ml lauwarmes Wasser
Das Mehl mit gut handwarmen Wasser (etwa 40 Grad) in einer Schüssel verrühren, mit einem Tuch bedecken, in eine Plastiktüte stecken. An einem warmen Ort bei etwa 20 Grad etwa 24 Stunden gehen lassen.

**2. Stufe**
100 g Roggenmehl
100 ml lauwarmes Wasser
Die beiden Zutaten mit dem Sauerteigansatz verrühren, nochmals 24 Stunden zugedeckt an einem warmen Ort gehen lassen.

**3. Stufe**
200 g Roggenmehl
200 ml lauwarmes Wasser
Mehl und Wasser gut verrühren, unter den Sauerteigansatz geben, gut mischen, nochmals zugedeckt 24 Stunden gehen lassen. Den restlichen Sauerteig entweder einfrieren oder mit soviel Mehl verkneten, daß ein krümeliger Teig entsteht. Dieser „Krümelsauer" ist im Kühlschrank etwa 1 Monat haltbar. Für die Weiterverwendung wird er dann wieder mit Wasser verrührt, bis er die gleiche Konsistenz des ursprünglichen Sauerteiges erreicht hat.

**Hefeteig:** Im Handel ist Frischhefe und Trockenhefe erhältlich.
Das Kneten des Hefeteiges bewirkt durch Einschlagen von Luft eine besonders wirkungsvolle Verbindung aller Zutaten untereinander. Die Hefe wandelt dabei Zucker und Mehl (Stärke), also Kohlenhydrate, in Kohlensäure und Alkohol um und verursacht dadurch die gewünschte Teiglockerung.
Ihre volle Treibkraft entfaltet die Hefe nur in Gegenwart von Wärme. Vor allem die Flüssigkeit (Milch oder Wasser) sollte daher richtig temperiert sein. Zu heiße Flüssigkeit würde die Hefebakterien abtöten. Milch und Wasser sollten handwarm sein und etwa 37 Grad haben, die übrigen Zutaten möglichst Raumtemperatur. Um die Wärme gleichmäßig über den Teig zu verteilen, empfiehlt es sich, die Flüssigkeit während des Rührens nach und nach hinzuzugeben.
Das Backen mit Hefe erfordert eine gewisse Erfahrung. Denn der richtige Zeitpunkt der Teiggare muß abgepaßt werden, um beim anschließenden Backen ein gutes Ergebnis zu erzielen.

# Ratgeber

## Tips rund um das Brot

- Den Teig lieber etwas länger als zu kurz kneten: Von Hand mindestens 20 Minuten, mit dem Handrührgerät etwa 5 Minuten kneten. Hinzu kommt dann noch ein sorgfältiges Nachkneten mit der Hand. Das gute Durchkneten des Teiges ist wichtig für eine feine Pore. Und nur so wird das Brot angenehm locker.

- Damit der Teig später gut quellen kann, sollte er zu einer elastischen, geschmeidigen Masse verknetet werden. Merke: eine weiche Konsistenz ist immer besser als ein zu fester Teig. Eventuell kann man vor dem Formen immer noch etwas Mehl hinzufügen.

- Wenn der Brotteig gut gegangen ist, sollte er sofort in den vorgeheizten Backofen geschoben werden. Kommt der geformte Brotteig zu spät in den Ofen, kann er seine Form verlieren, fällt zusammen und wird klitschig. Deshalb immer rechtzeitig den Backofen vorheizen.

- Wichtig ist, während des Backvorganges eine Schale mit Wasser in den Backofen zu stellen. Das verhindert das Austrocknen des Teiges und begünstigt ein gleichmäßiges Garen.

- Schön kross wird die Kruste, wenn Sie das Brot kurz vor Beendigung der Backzeit mit etwas Wasser bestreichen. Wer Milch benutzt, erhält ein mattglänzendes Ergebnis. Ein goldbraunes Äußeres erzielen Sie, wenn Sie die Backware mit Eigelb bestreichen. Mit Salz verrührtes Eigelb ist allerdings nur empfehlenswert für Gebäcke kürzerer Backzeit, weil die Oberfläche sonst zu stark bräunt. Wird die Kruste vorzeitig zu dunkel, kann man sie mit Alufolie abdecken.

- So machen Sie die Garprobe: Das Brot an der Unter- und Oberseite mit der Hand abklopfen. Wenn es hohl klingt, ist das Brot gar. Andernfalls muß es noch einmal in den Backofen.

**Freigeschobene Brote**
Das Teigstück wird frei in den Ofen geschoben, so daß sich allseitig eine Kruste bilden kann. Der Teig kann in einem Gärkörbchen (Weidekörbchen) gehen.

**Kastenbrote**
Weichere Teige werden in Backformen gebakken. Der Krustenanteil bzw. die Krustenstärke ist geringer als bei freigeschobenen Broten.

# Ratgeber

## Backen im Brotback-automaten

Das Brotbacken im Brotbackautomaten wird immer beliebter. Die in diesem Buch ausgewiesenen Rezepte für den Brotbackautomaten beziehen sich auf Brote zu 750 g. Für das Gewürzbrot (S. 12), das Roggenschrotbrot (S. 14) und das Sauerteigbrot (S. 40) wird ein Brotbackautomat für 1000 g benötigt, da der Teig sonst über die Form läuft.

Hier einige Ratschläge und Tips, damit Sie auch beim Backen im Brotbackautomaten ein gutes Backergebnis erzielen:

Wichtig ist beim Brotbacken im Backautomaten, daß immer nur kalte Flüssigkeiten verwendet werden. Optimal ist eine Lebensmitteltemperatur zwischen 18–25 °C. Größere Temperaturunterschiede der Zutaten werden annähernd durch die Ruhephase der Brotbackautomaten ausgeglichen.

Der Geräteinnenraum sowie die Backform müssen vor Inbetriebnahme vollständig trocken sein.

Wie beim Backen allgemein, ist es natürlich auch beim Backen mit dem Brotbackautomaten sehr wichtig, daß sich genau an die Mengenangaben gehalten wird. Ansonsten ist ein gutes Backergebnis nicht mehr gewährleistet. Auf jeden Fall muß bei der Zugabe der Zutaten in den Brotbackautomaten die vom Hersteller angegebene Reihenfolge eingehalten werden. D. h. erst die Flüssigkeit, dann Mehl und Gewürze und zum Schluß die Hefe. Besonders wenn mit Zeitvorwahl gebacken wird, darf die Hefe nicht mit Salz, Zucker oder Flüssigkeit in Berührung kommen, da sie sonst schon vorzeitig beginnt, aufzugehen.

Bei Broten mit Vollkornmehlanteil muß auch das entsprechende Vollkornprogramm gewählt werden, das Brot ist sonst nicht durchgebacken.

Nach dem Backen sollte das Brot möglichst schnell aus dem Brotbackautomaten herausgeholt und auf ein Kuchenrost gestürzt werden, damit es gut auskühlen kann. Wenn es noch länger im Brotbackautomaten bleibt, besteht die Gefahr, daß die Feuchtigkeit im Brot bleibt und es klebrig wird.

Bei den unterschiedlichen Herstellern der Geräte gibt es auch verschiedene Handhabungsrichtlinien. Bei einigen Geräten kann es sein, daß die hier genannten Ratschläge nicht gelten. Bitte lesen Sie deshalb sorgfältig die Bedienungsanleitungen und bereiten Sie Ihr Brot entsprechend zu.

Die Rezepte dieses Buches, die auch im Brotbackautomaten zubereitet werden können, sind mit einem Brotbackautomaten-Logo gekennzeichnet und im Tip gibt es noch Hinweise zur Zubereitung. Im Kapitelregister sind alle Rezepte für den Brotbackautomaten auch noch einmal auf einen Blick aufgeführt.

*MÖGLICH IM BROTBACK-AUTOMAT*

# Kapitelregister


**Hefeteigbrote**
Leinsam-Sesambrot .................. 8
Weizenvollkornbrot.................. 10
Gewürzbrot........................ 12
Roggenschrotbrot................... 14
Siebenkornbrot .................... 15
Kartoffelbrot....................... 16
Sesambrot......................... 18
Hirsebrot aus der Pfanne............. 20
Dinkel-Nußbrot .................... 22
Weizen-Haferflockenbrot ............ 24
Buttertoastbrot..................... 25
Kräuterbaguettes ................... 26
Sesamfladen....................... 28
Zitronen-Apfel-Brot ................ 30
Kastenweißbrot .................... 32

**Sauerteigbrote**
Sojabrot ......................... 34
Sonnenblumenbrot.................. 36
Dunkles Sauerbrot.................. 38
Bayerisches Gewürzbrot.............. 39
Sauerteigbrot ..................... 40
Roggenbrot mit Kürbiskernen......... 42

**Brötchen, Hörnchen & Co.**
Schusterjungen..................... 44
Quarkbrötchen..................... 46
Roggen- und Weizenbrötchen......... 48
Brötchenkranz ..................... 50
Soja-Quark-Brötchen ............... 51
Brandteigbrötchen.................. 52
Kräuterbrötchen.................... 54
Mohn- und Sesamhörnchen .......... 56
Laugenbrezeln ..................... 58
Olivenbrötchen .................... 60
Schwedische Buchweizenbrötchen ...... 61
Müslistangen ...................... 62
Hausgemachtes Knäckebrot........... 64

**Süße Brote & Brötchen**
Kokosbrötchen..................... 66
Nuß- und Marzipanhörnchen.......... 68
Heißwecken ....................... 70
Rosinen-Kartoffel-Brötchen........... 72
Mandelknoten ..................... 73
Zwieback ......................... 74
Hefezopf.......................... 76
Mandel-Möhren-Brot................ 78

**Gefüllte & pikante Brotspezialitäten**
Käsebrot im Tontopf ................ 80
Kräuter-Käse-Brot.................. 82
Speckbrot ......................... 84
Viererlei Brot ...................... 86
Geschichtetes Zwiebelbrot............ 88
Roggenbrot mit Salami .............. 89
Zwiebel-Curry-Brot ................. 90
Kosakenbrötchen................... 92
Joghurthörnchen mit Käse ........... 94
Kürbisbrot mit Sonnenblumenkernen ... 96
Käsebrötchen ...................... 97
Pikante Hörnchen .................. 98
Pikante Franzbrötchen............... 100
Brioches mit Käse-Birnenfüllung ....... 102

**Internationale Brotspezialitäten**
Scones............................ 104
Muffins........................... 106
Bagels ........................... 108
Pizzabrot (Foccacia)................. 110
Croissants......................... 112
Französisches Löcherbrot ............ 113
Grissini........................... 114
Pita-Brot ......................... 116
Ciabatta .......................... 118

**Rezepte für den Brotbackautomaten**
Dinkel-Nußbrot .................... 22
Gewürzbrot........................ 12
Kastenweißbrot..................... 32
Leinsam-Sesambrot ................. 8
Roggenbrot mit Salami .............. 89
Roggenschrotbrot................... 14
Sauerteigbrot ...................... 40
Sesambrot......................... 18
Sojabrot .......................... 34
Sonnenblumenbrot.................. 36
Speckbrot ......................... 84
Weizen-Haferflockenbrot ............ 24
Weizenvollkornbrot................. 10
Zitronen-Apfel-Brot ................ 30
Zwiebel-Curry-Brot ................. 90

**Ratgeber** ........................ 120

# Alphabetisches Register


**B**

Bagels . . . . . . . . . . . . . . . . . . . . . . 108
Bayerisches Gewürzbrot. . . . . . . . 39
Brandteigbrötchen . . . . . . . . . . . . 52
Brioches mit Käse-Birnen-
füllung . . . . . . . . . . . . . . . . . . . . . 102
Brötchenkranz . . . . . . . . . . . . . . . 50
Brot, Viererlei . . . . . . . . . . . . . . . . 86
Buchweizenbrötchen,
Schwedische . . . . . . . . . . . . . . . . . 61
Buttertoastbrot . . . . . . . . . . . . . . . 25

**C**

Ciabatta . . . . . . . . . . . . . . . . . . . . 118
Croissants . . . . . . . . . . . . . . . . . . 112

**D**

Dinkel-Nußbrot . . . . . . . . . . . . . . 22
Dunkles Sauerbrot . . . . . . . . . . . . 38

**F**

Franzbrötchen, pikante . . . . . . . . 100
Französisches Löcherbrot . . . . . . 113

**G**

Geschichtetes Zwiebelbrot. . . . . . 88
Gewürzbrot . . . . . . . . . . . . . . . . . 12
Gewürzbrot, Bayerisches . . . . . . . 39
Grissini . . . . . . . . . . . . . . . . . . . . 114

**H**

Hausgemachtes Knäckebrot. . . . . 64
Hefezopf . . . . . . . . . . . . . . . . . . . 76
Heißwecken . . . . . . . . . . . . . . . . . 70
Hirsebrot aus der Pfanne . . . . . . . 20
Hörnchen, pikante. . . . . . . . . . . . 98

**J**

Joghurthörnchen mit Käse . . . . . 94

**K**

Kartoffelbrot. . . . . . . . . . . . . . . . . 16
Käsebrot im Tontopf . . . . . . . . . . 80
Käsebrötchen . . . . . . . . . . . . . . . . 97
Kastenweißbrot . . . . . . . . . . . . . . 32
Knäckebrot, hausgemachtes . . . . 64
Kokosbrötchen . . . . . . . . . . . . . . . 66
Kosakenbrötchen . . . . . . . . . . . . . 92
Kräuter-Käse-Brot . . . . . . . . . . . . 82
Kräuterbaguettes . . . . . . . . . . . . . 26
Kräuterbrötchen. . . . . . . . . . . . . . 54
Kürbisbrot mit Sonnenblumen-
kernen . . . . . . . . . . . . . . . . . . . . . 96

**L**

Laugenbrezeln . . . . . . . . . . . . . . . 58
Leinsam-Sesambrot . . . . . . . . . . . 8
Löcherbrot, Französisches . . . . . . 113

# Alphabetisches Register


**M**

Mandel-Möhren-Brot . . . . . . . . . . 78
Mandelknoten . . . . . . . . . . . . . . . 73
Marzipanhörnchen . . . . . . . . . . . 68
Mohn- und Sesamhörnchen . . . . 56
Muffins . . . . . . . . . . . . . . . . . . . . 106
Müslistangen . . . . . . . . . . . . . . . 62

**N**

Nuß- und Marzipanhörnchen . . . 68

**O**

Olivenbrötchen . . . . . . . . . . . . . . 60

**P**

Pikante Franzbrötchen . . . . . . . . 100
Pikante Hörnchen . . . . . . . . . . . . 98
Pita-Brot . . . . . . . . . . . . . . . . . . . 116
Pizzabrot (Focaccia) . . . . . . . . . . 110

**Q**

Quarkbrötchen . . . . . . . . . . . . . . . 46

**R**

Ratgeber . . . . . . . . . . . . . . . . . . . 120
Roggen- und Weizenbrötchen . . . 48
Roggenbrot mit Kürbiskernen . . . 42
Roggenbrot mit Salami . . . . . . . . 89
Roggenschrotbrot . . . . . . . . . . . . 14
Rosinen-Kartoffel-Brötchen . . . . . 72

**S**

Sauerbrot, dunkles . . . . . . . . . . . . 38
Sauerteigbrot . . . . . . . . . . . . . . . . 40
Schusterjungen . . . . . . . . . . . . . . . 44
Schwedische Buchweizen-brötchen . . . . . . . . . . . . . . . . . . . . 61
Scones . . . . . . . . . . . . . . . . . . . . . . 104
Sesambrot . . . . . . . . . . . . . . . . . . . 18
Sesamfladen . . . . . . . . . . . . . . . . . 28
Sesamhörnchen . . . . . . . . . . . . . . 56
Siebenkornbrot . . . . . . . . . . . . . . 15
Sojabrot . . . . . . . . . . . . . . . . . . . . 34
Soja-Quark-Brötchen . . . . . . . . . . 51
Sonnenblumenbrot . . . . . . . . . . . 36
Speckbrot . . . . . . . . . . . . . . . . . . . 84

**V**

Viererlei Brot . . . . . . . . . . . . . . . . 86

**W**

Weizen-Haferflockenbrot . . . . . . 24
Weizenbrötchen . . . . . . . . . . . . . . 48
Weizenvollkornbrot . . . . . . . . . . . 10

**Z**

Zitronen-Apfel-Brot . . . . . . . . . . . 30
Zwieback . . . . . . . . . . . . . . . . . . . 74
Zwiebel-Curry-Brot . . . . . . . . . . . 90
Zwiebelbrot, geschichtetes . . . . . . 88

| | |
|---|---|
| Umwelthinweis | Dieses Buch und der Schutzumschlag wurden auf chlorfrei gebleichtem Papier gedruckt. Die Einschrumpffolie – zum Schutz vor Verschmutzung – ist aus umweltfreundlicher und recyclingfähiger PE-Folie. |
| Hinweis | Wenn Sie Anregungen, Vorschläge oder Fragen zu unseren Büchern haben, rufen Sie uns an (05 21) 52 06 45 oder schreiben Sie uns:<br>Ceres Verlag<br>Am Bach 11<br>33602 Bielefeld |
| Wir danken für die freundliche Unterstützung | Redaktion City Food & Foto, Hamburg<br>Springer Syndication, Hamburg |
| Copyright | © 1998 by Ceres Verlag<br>Rudolf August Oetker KG, Bielefeld |
| Redaktion | Christine Sander |
| Fotos<br>Titelfoto | Thomas Diercks, Hamburg |
| Innenfotos | Thomas Diercks, Hamburg<br>Herbert Maass, Hamburg<br>Bernd Lippert, Bielefeld<br>Christiane Prieß, Borgholzhausen<br>Norbert Toelle, Bielefeld<br>Brigitte Wegner, Bielefeld<br>Bernd Wohlgemuth, Hamburg |
| Grafisches Konzept<br>Gestaltung | Björn Carstensen, Hamburg<br>Kontur Design, Bielefeld |
| Titelgestaltung | Kontur Design, Bielefeld |
| Reproduktionen | Omnia Scanners, Mailand, Italien |
| Satz | Typografika, Bielefeld |
| Druck | Mohndruck Graphische Betriebe GmbH, Gütersloh |



ISBN 3-7670-0223-X